改革开放进程中的经济学家学术自传

张卓元　高培勇　主编

陈东琪学术自传

陈东琪◎著

ACADEMIC AUTOBIOGRAPHY OF CHEN DONGQI

SPM
南方出版传媒
广东经济出版社
·广州·

图书在版编目（CIP）数据

陈东琪学术自传 / 陈东琪著. —广州：广东经济出版社，2022.7

（改革开放进程中的经济学家学术自传）

ISBN 978-7-5454-7924-9

Ⅰ. ①陈… Ⅱ. ①陈… Ⅲ. ①陈东琪一自传
Ⅳ. ①K825.31

中国版本图书馆CIP数据核字（2021）第182655号

责任编辑：徐依然 黄奕瑕 颜明辉 黄 昱 梁雪莹
责任校对：陈运苗
责任技编：陆俊帆

陈东琪学术自传
CHEN DONGQI XUESHU ZIZHUAN

出版人	李 鹏
出 版 发 行	广东经济出版社（广州市环市东路水荫路11号11～12楼）
经 销	全国新华书店
印 刷	恒美印务（广州）有限公司 （广州市南沙经济技术开发区环市大道南路334号）
开 本	787毫米×1092毫米 1/16
印 张	12.5
字 数	142千字
版 次	2022年7月第1版
印 次	2022年7月第1次
书 号	ISBN 978-7-5454-7924-9
定 价	88.00元

图书营销中心地址：广州市环市东路水荫路11号11楼
电话：（020）87393830 邮政编码：510075
如发现印装质量问题，影响阅读，请与本社联系
广东经济出版社常年法律顾问：胡志海律师

《改革开放进程中的经济学家学术自传》丛书

编辑委员会

《改革开放进程中的经济学家学术自传》丛书分册名录

（按姓氏音序排列）

1.《白重恩学术自传》
2.《蔡昉学术自传》
3.《常修泽学术自传》
4.《陈东琪学术自传》
5.《陈锡文学术自传》
6.《迟福林学术自传》
7.《樊纲学术自传》
8.《范恒山学术自传》
9.《房维中学术自传》
10.《高培勇学术自传》
11.《高尚全学术自传》
12.《郭克莎学术自传》
13.《洪银兴学术自传》
14.《黄达学术自传》
15.《黄群慧学术自传》
16.《贾康学术自传》
17.《江小涓学术自传》
18.《金碚学术自传》
19.《李实学术自传》
20.《李晓西学术自传》
21.《厉以宁学术自传》
22.《林兆木学术自传》
23.《刘诗白学术自传》
24.《刘世锦学术自传》
25.《刘树成学术自传》
26.《刘伟学术自传》
27.《马建堂学术自传》
28.《彭森学术自传》
29.《宋晓梧学术自传》
30.《田国强学术自传》
31.《王梦奎学术自传》
32.《王一鸣学术自传》
33.《魏杰学术自传》
34.《魏礼群学术自传》
35.《乌家培学术自传》
36.《吴敬琏学术自传》
37.《杨瑞龙学术自传》
38.《张军学术自传》
39.《张军扩学术自传》
40.《张晓山学术自传》
41.《张燕生学术自传》
42.《张宇燕学术自传》
43.《张卓元学术自传》
44.《赵人伟学术自传》
45.《郑新立学术自传》
46.《周叔莲学术自传》

总　　序

Preface

盛世出华章。中国的改革开放是一场波澜壮阔、前无古人的伟大社会变革，也将是世界经济发展史上的瑰丽篇章。中国经济学家在这场伟大变革中，或贡献了智力，或参与了实践，无论是参政建言还是学术构建，均厥功甚伟。

在我们先后迎来改革开放40周年和中华人民共和国成立70周年之际，为了记录并彰显中国经济学家的历史贡献，为中国特色社会主义事业进一步发挥智慧的力量和作用，同时借以勉励后学筑梦前行，我们组织并编辑了这套《改革开放进程中的经济学家学术自传》丛书。

这套丛书的出版设想，最初由广东经济出版社提出。在此之前，得力于中国社会科学院经济研究所张卓元教授等的大力支持，该社曾于2009年编辑出版《影响新中国60年经济建设的100位经济学家》丛书。那套丛书产生了良好的社会反响，也获得了较高的学术评价。弹指一挥间，又是一个十年，共和国迎来了70华诞，改革开放也逾40周年。在这样一个特殊的背景下，广东经济出版社邀请张卓元教授和高培勇教授牵头，由《经济研究》编辑部具体负责，组织、编辑一套集中反映改革开放进程中的经济学家学术探索和心路历程的丛书。

认识到这是一件颇具眼光、很有意义的事情，于是，便有了读者眼前这套《改革开放进程中的经济学家学术自传》丛书编辑出版工作的启动。

中国经济改革与发展的伟大实践，为中国经济学家的成长提供了肥沃的土壤。要从这些灿若繁星的经济学家中推选出大家比较公认的富有影响力的经济学家，并不容易。怎样推选？推选多少？具体标准是什么？如何约稿？丛书的体例又该如何把握？这一系列相关问题接二连三地提至我们面前。

为此，在初步拟订编辑出版方案的基础上，由张卓元教授和高培勇教授主持，邀请部分专家召开了小范围的论证会议，就组建丛书编辑委员会以及丛书编辑出版的一系列相关问题听取意见，进一步完善方案。

紧跟着，2017年6月25日，丛书编辑委员会会议在北京举行。出席会议的委员共有19位（按姓氏音序排列）：白重恩、常修泽、陈东琪、陈锡文、迟福林、高培勇、郭克莎、黄群慧、金碚、李晓西、刘伟、彭森、宋晓梧、田国强、魏礼群、吴敬琏、张军扩、张燕生、张卓元。因故请假、提供书面意见的委员有10位（按姓氏音序排列）：蔡昉、曹远征、贾康、李实、李扬、厉以宁、林毅夫、刘世锦、钱颖一、张军。

这次编辑委员会会议就如下一些重要问题形成了高度共识：

第一，关于丛书的意义。委员们高度认可丛书的编辑出版工作，认为这是一项富有重要历史和现实意义的出版工程。

第二，关于丛书入选者的标准和数量。委员们认为应本着宁缺毋滥、质量为先原则，以对改革开放事业的某个特定领域做出实质性贡献或产生实质性影响的经济学家为重点，入选者宜掌握在60位左右。

第三，关于丛书的体例。基于凸显学术价值和史料价值的考虑，委员们认为学术自传宜涵盖作者的学术成长历程、作者对改革开放事业某个特定领域的研究成果和学术贡献、作者对特定领域改革前景的展望等方面内容。

第四，关于丛书的读者对象。委员们认为应主要面向青年学者以及学生，谈人生经验、述理想情怀，激励广大青年学者和学生确立奋斗的目标、发展的方向和成功的路径。

第五，关于丛书的文风。委员们主张学术自传应具有较强的理论性、学术性，同时文笔流畅、深入浅出，具有一定的可读性。

在经过充分讨论形成的候选经济学家名单基础上，与会委员按照获得半数以上多数票入选的规则，以无记名投票方式表决确定了65位入选者。

会议还决定，请因故请假的委员继续对候选经济学家名单通讯投票，并根据此项流程的统计结果，提请全体编辑委员会委员再进行一次通讯评审，最终确定丛书入选者为68位。

由此产生的《改革开放进程中的经济学家学术自传》丛书入选作者为（按姓氏音序排列）：白重恩、蔡昉、曹远征、常修泽、陈东琪、陈清泰、陈锡文、迟福林、樊纲、范恒山、房维中、高培勇、高尚全、郭克莎、郭树清、韩俊、洪银兴、华生、黄达、黄群慧、贾康、江小涓、金碚、李剑阁、李京文、李实、李晓西、李扬、厉以宁、林毅夫、林兆木、刘国光、刘鹤、刘诗白、刘世锦、刘树成、刘伟、隆国强、楼继伟、马建堂、彭森、钱颖一、宋晓梧、田国强、王梦奎、王一鸣、魏杰、魏礼群、乌家培、吴敬琏、吴晓灵、杨启先、杨瑞龙、易纲、余永定、张军、张军扩、张维迎、张晓山、张燕生、张宇燕、张卓元、赵人伟、郑新立、周其仁、周叔莲、周小川、朱玲。

在确定入选者名单之后，《经济研究》编辑部立即展开了组稿工作，共有46位入选者接受约稿。在这一过程中，入选的经济学家或其家属、秘书、好友等，对我们的工作给予了热情的支持，在百忙之中积极准备所需要的文献，其认真精神令人感动。应该说，没有他们的积极响应和大力支持，这套丛书是难以按时按质完成的。

由于入选的经济学家大多是名人、忙人，有一部分老作者也已年届九十高龄，约稿的工作量及其难度可想而知。一些作者提出暂不能写作，这多少令我们感到些许遗憾。其间也有许多感人的情景要告诉读者们：常修泽先生于2018年夏天在吉林延边的一个小镇闭门两三个月专事自传写作，在整个写作过程中数十次与编辑部和出版社沟通，包括内容完善、结构设计和一些合理性建议等诸多细节，并且在约定期限内交稿给编辑部；九十五岁高龄的黄达教授在写作过程中十余次通过电话或电子邮件与编辑部讨论写作重点和风格；乌家培、林兆木、王梦奎等老先生也是不厌其烦，反复就文字沟通润色；周叔莲先生在去世前一周还给编辑部打电话，告诉编辑自己已经基本完成了书稿的写作，并详细介绍了自己的写作过程和感想，我们至今忆此仍为之动容。在这些难得的沟通中，我们一次次被感动。

随着此套丛书的陆续编辑出版，我们越来越强烈地体会到了这项工作的意义和价值：

入选这套丛书的作者，系改革开放进程中的经济学家，他们的知名度较高，社会影响较大。这套自传体丛书，是对他们的代表性研究成果、学术贡献、成长历程及人格魅力的一个集中展示。对于广大读者特别是青年学子来说，这无疑是一个难得的学习、了解我国经济理论和现实问题的机会。

这些经济学家在各自的学术领域都是佼佼者或领军者，他们学术素养深厚、学术成就卓越。他们在自传中大多以第一人称娓娓道来，讲述了自己的家国情怀与学术成长经历，为记录我国改革开放历程留下了第一手资料。从经济史和思想史的角度看，这应该是非常有史料价值的研究文献。

众多大家的纸上风华，既映射出中国改革开放40多年取得的巨大成就，也是对中国改革与发展经验比较系统的总结。正如习近平总书记所指出的："从我国改革发展的实践中挖掘新材料、发现新问题、提出新观点、构建新理论，加强对改革开放和社会主义现代化建设实践经验的系统总结，加强对发展社会主义市场经济、民主政治、先进文化、和谐社会、生态文明以及党的执政能力建设等领域的分析研究，加强对党中央治国理政新理念新思想新战略的研究阐释，提炼出有学理性的新理论，概括出有规律性的新实践。这是构建中国特色哲学社会科学的着力点、着重点。"应该说，本套丛书的作者们用生动而精彩的人生与学术追求，践行了这一重要要求。

这套丛书的编辑出版与《经济研究》编辑部各位同仁的努力也是分不开的。他们通过电话、短信和邮件等方式不断地与作者或其家人、秘书等进行沟通。参加组稿和审稿工作的人员有:郑红亮、刘霞辉、张永山、唐寿宁、王利娜、谢谦、金成武、孙三百、陈小亮、欧宏、王红梅、刘莹、曹帅。

广东经济出版社的领导和编辑在本丛书的出版过程中也做了大量的工作,正是有了他们的努力,这套丛书才能得以顺利与读者见面。

特别值得一提的是,这样一套组织工作浩繁的大型丛书,见证了《经济研究》编辑部与广东经济出版社值得称道的团队合作精神。编辑部的张永山、王红梅同志和广东经济出版社的编辑团队从始至终为丛书的组织沟通、约稿、文稿整理付出了大量的心血,他们的耐心和一丝不苟的敬业精神令人称道。

这套丛书就此付梓了,回望中国改革开放的辉煌岁月,携手丛书作者对祖国的拳拳心路与期待,我们略感欣慰!但由于时间仓促,加之我们的水平有限,书中的不足和错误之处在所难免,敬请广大读者批评指正。

《改革开放进程中的经济学家学术自传》丛书编辑委员会

2019年10月

陈东琪

研究员、经济学博士，曾任中国社会科学院研究生院教授、博士生导师，国家发展和改革委员会宏观经济研究院首席专家，中国经济50人论坛专家。

20世纪80年代至今，陈东琪一直致力于研究基本经济理论，为我国的经济发展和改革事业积极建言献策，提出的微调、稳中求进思路和双稳健政策建议均被政府采纳。

深入研究东欧和西方经济学后，陈东琪独创“东欧经济学”概念，建立了东欧经济改革理论体系。由他撰写的《探索与创新：东欧经济学概论》向国内学术界传播了东欧社会主义改革理论。除此之外，陈东琪还提出了农村土地合股制的构想以及打破地方市场分割和建立全国统一市场的政策建议，创建了强波经济理论体系、社会主义市场经济学体系，这对我国经济理论和实践方面的发展产生了重要而积极的影响。

1991—2005年，陈东琪多次参加经济学家座谈会，针对经济形势讨论经济发展问题。2005年和2017年，陈东琪参加中央政治局的集体学习讲座，分别讲解关于我国经济社会发展战略的若干重大问题和深入推进供给侧结构性改革等重要课题。

陈东琪的研究成果多次获得了国家级的奖项：收录了他参与撰写的《中国经济体制中期（1988—1995）改革纲要——稳定经济和深化改革有机辩证结合的思路》的《中国改革大思路》获第三届孙冶方经济科学奖著作奖，合著的《新中国经济的变迁与分析》获第五届孙冶方经济科学奖著作奖，主编的《“十三五”时期经济社会发展总体思路研究》获2015年度国家发展和改革委员会优秀研究成果一等奖，等等。他于1991年入选《中国经济学希望之光》，2010年入选《中国百名经济学家理论贡献精要（第二卷）》，2015年入选《20世纪中国知名科学家学术成就概览（经济学卷）》；1992年起享受国务院特殊津贴，并于1997年被中国社会科学院授予“有突出贡献中青年专家”称号。

自　　序

年过花甲，广东经济出版社邀我写一本学术自传。写什么呢？以什么为线索？我想，人生的主线是学习，是不断从书本中学习，从实践中学习，向周围的能人学习，向历史精髓和未来趋势学习，通过学习充实自己，了解世界，探索真理，为人生梦想而奋斗，为家、为国、为民努力做贡献。所以，我以学路为主题来写我的学术自传，与读者交流我不断学习的感悟、获知、提升，以及与时俱进的心路历程。

我的学路虽有起伏变化，但自始至终，初心未变，求知、求真、求新的渴望未变，以学为国、以知报民的热情未变。从田间到中南海，从爬格子到敲键盘，我的心里，一直想的是让人民变富，让国家更强；我的行为，一直做的是使市场化改革落地生根，使宏观经济稳中求进。虽然，带有泥巴味道的单个学者对国家发展的推动力有限，但是，能为科学经济学发展的大厦添砖加瓦，为我中华之崛起出谋划策，达此目的，我心满意足！

是以为自序。

目录

壹

求学岁月

一 我的童年

1959年，陈东琪和父亲在一起

我于1955年农历七月二十六日出生于湖南省湘潭县铁子坳一个普通农民家庭。祖籍福建，但后来太爷爷带着全家老小迁移，经江西省到湖南省，在湘潭县安顿下来。爷爷陈会林排行第十一，当地人叫他陈十一老倌，以烟酒坛罐生意为生。在我不到3岁时，他就去世了，我对他记忆不多，也不深。我出生前，奶奶已经过世，我不知道她的名字，只知道叫陈向氏。爷爷奶奶育有三子：陈正清、陈正定、陈正云。二伯父陈正定未娶早逝，没有后人。1959—1961年闹饥荒时，大伯父陈正清全家老小逃荒到湖北省西大院农场。只有我父亲陈正云带着全家留在湘潭老家。

我外公许桂华个子高大，温和慈祥，外婆很早去世后，他没有再娶，而是一辈子守护着自己的独生女。母亲许秀英在我出生不久，就和我父亲一起被派去修铁路，因而外公带着我，伯母带着我弟弟。在三年困难时期，农民很苦，粮食不够吃，农村时兴“吃大锅饭”，各家带上饭盒到生产队食堂打饭，按人定量，只够六七成饱。有一天，我从队里打饭回家，在翻越山坡时不慎摔倒，我带着空饭盒哭着回家，外公见到我，不仅没有骂我，反而笑着说："冇（当地方言，'没有'的意思）得事，外公再去队里要点饭给你吃。"他向队里讲好话，要回来半碗饭，都给我吃了，而他自己以水煮白菜充饥。不久，外公离开人世，我放声大哭，哭得很伤心，我那幼小的心灵，感受到失去亲人的痛苦，感受到一种无法形容的难舍之情。

在我7岁以前，全家居无定所，经常搬迁，从铁子坳搬到张家屋场，在张家屋场住了几个月后，又搬到荷叶冲，在荷叶冲住了两年多，1962年8月搬回铁子坳老家。此后，父母、东红弟弟和我，一家四口才算过上居有定所的生活。当时，在湘潭农村，家境看屋顶，有钱人家的屋顶盖青瓦，次之的盖茅柴，困难的盖稻草。我父母用修铁路获得的津贴，在老屋场地基上建了两间房，一间卧室、一间灶屋，屋顶盖的是稻草，墙是用沙、石、土筑起来的。这种筑[①]壁子屋不高，但冬暖夏凉。

在新屋安居后，父母又生了四个孩子，其中有两个夭折，留下两个妹妹，大妹月娥1963年农历正月出生，小妹美莲1968年农历七月出生。父母对我、弟弟、大妹、小妹都十分疼爱，他们希望我们同心协力，期待我们都有一个美好的

① 我们老祖宗发明的汉字，许多都是象形字，以形表意。房屋、桥梁等建筑物，最初都是用沙、石、土和竹子一起筑建起来的。《老子》第六十四章讲"九层之台，起于累土"，就是告诉我们，古代用于开会、唱戏、演讲、聚会的九层高台是用一筐一筐的沙、石、土和竹子一起筑起来的。"筑"字的部首为"竹"，表示有竹子才巩固，意在将本来较散的沙、石、土联结，巩固起来。

1982年，从右到左：东琪、东红、月娥、美莲

未来。有一天，我们按照父母的意愿，在楠竹山的乐园照相馆，照了一张“旗红月美”的兄弟姊妹四人合影。父母看到照片，情不自禁地露出微笑，兴奋不已。

在我的童年时代，农村比较落后，医疗条件差，乡里孩子夭折的很多。为了生存下来，很多父母都习惯用金、银、铜、铁、锡，或者龙、牛、石、江、山等硬朗的字来给男孩取名，我家周围几个生产队里，叫金伢子、铁伢子、牛伢子、坚伢子和强伢子的男孩很多。我的小名叫龙坚伢子，这是父亲带我到“龙神爷”那里讨来的名字。离铁子坳五六里地，有一个林家庙，据说这个庙拆字算卦很灵验。庙主见了我，反复打量后，跟我父亲说我身体虽弱，但相貌旺，犹如“龙岂池中物，乘雷欲上天”，如果取一个带“龙”字的坚硬名字，就能够安康多福。父亲望子成龙心切，连声说：“好，好，好，那就叫龙坚。”此情此景，此声此音，我不能完全明白其中的奥妙，但后来父老乡亲叫我龙坚时，我都很快答应，自觉开心。

由于家境困难，我小的时候身体发育不良，经常生病。7岁生日那天傍晚，我从田里捡禾谷的穗子回家，感觉头晕，眼睛也看不见，在跨门槛时突然跌倒，父亲赶紧请来郎中。郎中诊断我得的是“鸡毛眼”，即夜盲症，说是严重缺乏营养导致的。他开了几副药，并要我多吃动物内脏，吃猪胆最好。从那以后，父亲到处跑，方圆十几里，不管哪家杀猪，他都会把猪胆买回来，用打湿的草纸包着放入灶火灰中煨熟给我吃。我记得，好像吃了上百个猪胆后，我的夜盲症好了。因祸得福，猪胆有明目作用，我到花甲之年，视力一直保持在1.2左右，不用戴眼镜。真的很感恩父亲和那个不知名的郎中，他们给了我明亮的双眼，让我既能在煤油灯下夜读，也能远望大千世界，洞察纷繁人生。

我家后面环山，树木茂盛，雨天过后，山上可以收获竹笋、蘑菇、桃油（桃胶）、地皮菌等。我经常到山上采摘，享受自然的赐予。初春的一天，我到后山采蘑菇，脚被蛇咬了，我赶紧回家。父亲看见我的脚背青肿，急忙从屋檐上抓了一只很大的蜘蛛，打来一脚盆清水，要我把脚放到脚盆里。很快，蜘蛛爬到我的脚背上，将嘴上尖尖的“针”扎进青肿处，大概半个小时后，它慢慢离开，嘴里吐出绿色的蛇毒。不久，我脚上的青肿完全消退，父母脸上露出了笑容。这个用蜘蛛治蛇毒的土办法，我一直铭记在心，深深感受到父辈对自然力量的认知，感受到自然对人类的恩赐。

湖南是鱼米之乡，但耕地分布不均。靠近洞庭湖的县、社、队，因所处土地多为平原，人均耕地多；而地处丘陵和山区的，农田少。我家所在的良湖公社泉红生产队，人均不到六分田。由于人多田少，每年收成不多，全家六口人，粮食经常不够吃。每到快过年的时候，父亲要去毛主席的老家——韶山冲的银田寺，或去刘少奇同志的老家——宁乡的尺阜，买谷子以补过年粮食，免得全家挨饿。

我上小学后不久，就和父亲一起去姑奶奶的家乡买谷子。父亲推着装有大约200斤谷子的单轮土车，我在前方背着一根拉车的绳子，父推子拉，前后合力，来回20多里，为生计而劳作，为饱腹而流汗，但我从来不叫苦，没有怨言。我记得，每次上坡快到顶时最需要使劲，为了让父亲少受点累，我总是咬牙使劲，心里想："只要挺住，过了坡顶就好了，就胜利了。"人生就是这样，有的时候很艰难，有很多坎，但只要坚持到最后，忍一忍，就会挺过去，就会成功，关键时不能泄气，不能打退堂鼓。童年的劳动，锻炼了我的意志和耐力，磨砺了我持之以恒的为人做事精神，让我从小就体会到"谁知盘中餐，粒粒皆辛苦"的含义，体会到劳动对人生的意义，也感受到劳动苦中有乐。

童年的记忆，很美好。家里虽然穷，但很温暖，我过得很充实、很幸福。春天竹林拔笋，夏天池塘洗澡，秋天稻田拾穗，冬天雪地堆"人"。白天放风筝，捉迷藏，翻手指，跳房子，打陀螺，滚铁圈，踩高跷，抬"轿子"，网蜻蜓，池塘戏水；月夜田间挖泥鳅，捉青蛙，抓萤火虫……

我最深刻的童年记忆，是父母对子女的全身心关爱和无私奉献。他们只愿给予，不求索取，宁肯自己少吃少穿，也不让孩子冻着、饿着。湘潭农村红薯多，稻米少，流行蒸红薯饭，米饭在上面，红薯在下面，父母总是让我和弟妹“张”（当地方言，“盛”的意思）上面的米饭，他们自己“张”下面的红薯，为的是让孩子们吃饱，长身体。

父母为了供我和弟妹读书，日夜操心，辛勤劳动。为了孩子们，他们白天在生产队劳动，早晨和傍晚都不停地在宅基地种瓜种菜、养猪养鸡，从不歇息。我家住在楠竹山的江南机器厂旁边，几乎每天清晨，母亲都会挑着家里种的蔬菜、石榴、红枣、水蜜桃、鸡蛋和其他能卖钱的农副产品，到附近的繁华小镇去卖，卖的钱用来买油、盐、酱、醋、茶，用来给我和弟妹买衣服、交学费、买文具，年复一年，从不间断。

天下父母，特别是中国农村贫困家庭的父母，用他们一辈子的辛劳和汗水，甚至用他们的健康和生命，抚养孩子、教育孩子。他们不求回报，只求孩子健康成长，会读书，能识字，长大有出息，走出“面朝黄土背朝天”的境地。是啊，父母是孩子生命的天地，是孩子幸福的港湾。无论我们身居何处，地位多高，父母都时时刻刻惦记着我们，关爱着我们。人的生命终会结束，记忆也会减少甚至丢失，唯有对父母的记忆和怀念，是我们生命中的永恒！

二 初学的记忆

在我满周岁时，母亲将一块糖果、一支铅笔、一枚铜钱摆在桌子上，让我挑。我很快抓到铅笔，据说这是会读书的预兆。这种随机之举，虽不能代表未来，但在母亲告诉我这件事以后，它似乎不断给我心理暗示，因而当学习遇到困难和挫折时，我总是鼓励自己，一定要好好念书，争取做一个有出息的人。

我的初学经历，源于母亲身体力行式的教育。母亲慈祥、温和，虽然没有正式上过学，识字很少，不能教我语文课本、算术课本上的知识，但从我开始懂事时起，就教导我要多读书，爱学习，知孝悌，懂礼仪，勤持家，笃天地。她经常给我讲孔融让梨、雷锋助人为乐的故事，让我从小学会关心他人，学会爱家、爱国。有时，她给我讲黄继光、董存瑞的英雄事迹，使我对英雄十分景仰和敬畏。

我母亲疼爱孩子，但不溺爱孩子。她经常教我为人要心善，交友须有诚意，做事要担责，为家多出力。在我四五岁时，母亲就教我做一些家务，砍柴煮饭、挑水淋菜，使我养成勤俭持家的习惯。小的时候，我经常听到街坊邻居孩子的哭声，听到大人骂孩子“这也不会，真没出息”。有些事我不会做，有时甚至出错，但我母亲从不责怪、不打骂，而是和风细雨地鼓励我，教会我做事的方法，给我讲把事情做好的秘诀。有一次，我在家煮饭，结果煮煳了，锅里的饭都成了黑锅巴，我很害怕。母亲回家看到后，不仅没有打骂我，反而耐心告诉我具体应该放多少米、放多少水、烧多少柴火、煮多久，教会我怎样做才能把饭煮好。母亲身体力行的鼓励式教育，激发了我孩童时的正能量，培养了我积极向上的精神。

世界上最早的教育，来自母亲的教育；孩子最初的自信和荣誉，来自母亲。一个什么都不知道、什么都需要学的孩子，在遇到以前从来没有遇到过的情况时，在做以前从来没有做过的事情时，出错是难免的。做父母的，如果不是打就是骂，甚至咒孩子“没有出息”，就会给孩子带来难以估量的心理暗示和压力，会强化孩子的悲观情绪，使孩子丧失应对困难和挫折的信心，丢掉再努力、再试错的机会，在再次遇到困难和挫折时，就会无心应对、无法克服、时常逃避。一个好的幼教者，无论是家长，还是幼师，要达到教育孩子的目的，最好的办法是多鼓励、少批评、不打骂。在孩子犯错时，多教给孩子不犯错的方法，用成熟的思想熏陶孩子的心灵，激发孩子身上与生俱来的正能量，让孩子在心理健康的状态下发育成长。

我的文化初学经历，得益于小学老师的教育，也得益于小学同学的帮助，更得益于父亲的贴身传授。我父亲陈正云，性格刚直、勤劳苦干，做过铁匠、砖瓦匠，修过京广铁路，当过大队干部，连续几届被选为生产队队长，热心为公家做事，善于调解邻里纠纷，维护左邻右舍的团结。他只上了三年私塾，但读了很多古书，会很多诗文，能写会算，会抓草药，会治跌打损伤，会“化水”（湘潭农村的一种偏方，专治惊吓病），被方圆十几里地的人尊称为“云老师”。这位“云老师”，是我最慈祥、最贴心的启蒙老师。

我上小学报名时，老师问我姓什么，我说：“姓陈，《百家姓》中排第十。”老师要我背诵几句《百家姓》，我张口就背：“赵钱孙李，周吴郑王，冯陈褚卫，蒋沈韩杨，朱秦尤许，何吕施张……”老师打断我，问我：“你能念几句《三字经》吗？”我张口就念：“人之初，性本善。性相近，习相远……”老师吓一跳，又打断我，对父亲说：“‘云老师’，龙坚伢子蛮聪明啊，还冇上学，就晓得背《百家姓》《三字经》了！”

是的，上小学前，虽然有些笔画多的姓氏我不会写，甚至不知道复姓是什么意思，但基本上能背诵《百家姓》，而我最喜欢《三字经》，它有节奏、有韵律、好记。这两本薄薄的线装幼儿书，是父亲最早用来教我的教材。

在我读小学期间，父亲结合学校课本内容，给我循序渐进地讲解《千字文》《幼学琼林》《增广贤文》，经常讲故事来启发我、教育我。湖南夏天炎热，家家都有傍晚乘凉的习惯。乘凉时，要么他给我讲桃园三结义、李逵探母、孟母三迁等忠孝礼义的故事，要么他听我反复背诵幼儿读物上的文句，一夜一夜，从不虚度。

除了教我简单的诗文外，父亲还教我写毛笔字、练习钢笔书法、算算术、用算盘打出“六六六”。他教导我“学会识字打算盘，日子过得不会慌”。后来，我读书工作，用到的很多技能都得益于父亲的早教。其中有三件事，我记忆犹新。

第一件事是小学写小数答案。大约是1964年10月，在小学三年级的一次课堂上，上算术课的彭崇连老师叫两个同学将百分之十、百分之一百一十、百分之一千零一、百分之一万零一用小数表示，把答案写在黑板上。我和一个女同学举手，各自写下自己的答案，女同学只写了前两个答案，我把四个答案都写出来了：0.1，1.1，10.01，100.01。彭老师称赞说："好，写得对。"并问我："你是怎么学会用小数表达后面两个比较难的百分数的？"我说："我父亲告诉我，小数中，小数点很重要。小数点前，零越多，数越大；小数点后，零越多，数越小。"后来，彭老师到我家做家访，称赞我父亲，并表扬我："龙坚伢子很聪明，对数字悟性好，以后有出息。"彭老师这个表扬，很长时间激励着我，让我从心底里佩服父亲。我想，聪明的孩子，一定有一个伟大的父亲。

第二件事是当生产队会计。1973年 3 月，我高中毕业后回乡务农，当时的生产队会计谷再洪（我叫他洪曼，"曼曼"为叔辈尊称）将调升大队会计，需要选一位读书多的年轻人接任，我是候选人之一。为测试我的能力，洪曼要我用算盘打出"六六六"，我拨动算盘："一上一，二上二，三下五除二，四退六进一……"速度很快，他非常满意，推荐我为生产队会计。现在，会计计算再也不用算盘，而用电子计算器，但40多年前的那一幕经常浮现在我脑海中。父亲教我打算盘，不仅成就了我当生产队会计，也为我后来走上经济研究道路铺就了基石，培养了我对计算的兴趣和对数字的悟性。

第三件事是当连队文书。1974年3月，我参加了三线建设之一的枝柳铁路怀化—麻阳谷达坡段建设，被分配到湘潭县指挥部20连。起初，我在一排干体力活，后来被提拔为连队文书，跟方谷成连长住在一起。我经常和方连长讨论《三国演义》中的人物和故事情节，和傅连科指导员交流《红楼梦》和《东周列国志》的读后感，也有机会更快、更多地了解国家大事和社会动态。后来我才知道，连长和指导员之所以把我从排里的宣传员提调为连队文书，主要是看我的字写得好，钢板刻得很工整、很清秀。这要感谢我的父亲，是他在我读小学时就严格训练我写毛笔字，练习现代硬笔书法字帖。半个世纪前，湖南乡村把写字当作“打门厨”（挣钱的硬本事），谁写得一手好字，谁就不愁没饭吃，就会被人尊敬。从我后来的学术生涯看：字写得好，也是电脑普及前靠爬格子搞科研的基本功；字写得好、写得工整，出版社的编辑就很喜欢，出书较容易。

父亲的贴身教育，既给了我知识启蒙，铺垫了初学的道路，让我学会了基础的语言文字，掌握了基本的算术技能，培育了我求知的无穷欲望和不竭动力，也给我幼小的心灵留下了不灭的父子深情，刻下了中华“家”文化的深刻印记。父亲于2013年上半年离开人世，但，半个多世纪前，煤油灯下父教子学的情景，至今历历在目，映照心灵。这种深刻的心灵印记、不断翻滚的脑海联想画面一直驱动我学习，驱动我成长，驱动我前行；驱动我从小学到中学，从大学到博士，从初学写字到为国家贡献思想；驱动我既做一个有文化知识的人，又做一个道德高尚的人，更要做一个有益于人民的人。父亲是我的初学之师，也是我的人生之师，没有父亲给我的启蒙教育，就没有我为国家贡献思想和智慧的基础。根深才能叶茂，山高才能水远；大厦起于基石，伟大出自平凡。我永远感恩记忆中的初学经历，感恩父母师教的永恒！

三 中学理想

人生之路，宏观皆相似，微观各不同，学习之路亦如此。在不同的学习阶段，每个人都有自己不同的经历，有旁人难以体会的曲折和精彩。

和大多数青少年一样，中学是我对未来充满美好期望的时代，也是学业飞跃的阶段。这个阶段，我实现了从学技能、谋生存到有抱负、有理想，从跟随性学习到理想驱动学习的飞跃。1968年2月，我接到湘潭县良湖中学的入学通知书，满怀激情地走进中学教室，走进我的理想主义时代。

良湖中学位于湘潭县良湖乡永济堂湖边，学校占地面积不大，印象中只有三栋教学楼。我家离学校有六七里地，路线呈“V”字形，先下坡后上坡，下坡从铁子坳到移山冲是土路，上坡从移山冲到永济堂是柏油路。家里没钱买单车，我几乎每天跑步上学，为的是不迟到，不放弃在班上和同学们一起早自习、听老师讲课的机会，哪怕只是一分钟。

良湖中学虽然不大，但人才济济，藏龙卧虎。在良湖公社堪称“书圣”的王邦达老师，博学多才的肖东宇老师，思维敏捷的韩顺钦老师，都是当时良湖公社赫赫有名的才子。是他们把我带入书香世界、引进知识海洋的。我敬爱的老师们，在教育战线辛勤耕耘，把学生当作自己的孩子一样爱护和关怀，鼓励学生胸怀理想，发奋读书，努力攀登知识的高峰。

我记得，肖东宇老师风格潇洒，讲课总是让我身临其境，浮想联翩。有一堂课，他两手反握在后背，来回走动，双眼半闭，先是用抑扬顿挫的语调诵读北宋诗人汪洙的《神童诗》："天子重英豪，文章教尔曹。万般皆下品，惟有读书高。少小须勤学，文章可立身……"接着，慢慢讲述汪洙如何成为"神童"的故事，感人至深，让我这个刚满13岁的少年，就像穿越到800多年前，与年龄相近的汪洙一同吟诗作对，一起读书成长。尽管课后我和发小张顺达为"满朝朱紫贵，尽是读书人"而争论，他说"家中无才子，何来大官人"，我说"家中有才子，何必大官人"，但我们有一个共同的追求：要多读书，读好书。

我还记得，王邦达老师满腹经纶，讲课总是让我心潮澎湃，热血沸腾。他的每堂课，既授知又励志，既怀古又颂今，让我收获满满。有一堂课，他先念中带唱地吟诵北宋诗人赵恒《励学篇》中的"安居不用架高堂，书中自有黄金屋""男儿欲遂平生志，五经勤向窗前读"，后又大声朗诵南宋女词人李清照《夏日绝句》中的"生当作人杰，死亦为鬼雄"，以及毛主席1917年写下的豪言壮语"自信人生二百年，会当水击三千里"。王邦达老师授予学生的这些振聋发聩的先哲之训，经常在我耳边回荡，激励我勤学苦读，胸怀理想。

我更记得，韩顺钦老师思维灵活，讲课总是让我拨云见日，豁然开朗。有一堂课，他两手在后背握拳，问学生："我手里有一只青蛙，你们猜在左手，还是在右手？"同学们茫然，好久没人举手回答。面对此景，他若有所思地说："大家不举手回答在左手还是在右手是对的。因为你们回答'在左手'，我会将青蛙抓在右手；你们回答'在右手'，我会将青蛙抓在左手。这里有哲学，有辩证法，告诉我们，在做任何判断和决定时，要看条件的变化。”当时，我从内心佩服老师的博学，虽然并不懂得哲学是什么，但这堂课让我初步获得了哲学的启蒙，潜意识里感受到思辨的魅力和伟大，让我敬畏和向往。这使我明白：看问题、定决策、做事情，要注意环境和条件的变化，思维不要僵化。这也使我第一次朦胧地认识到：人生无论是顺境还是逆境，都要把控好可能随时出现的不确定性。

出于对人生相似的理解，对知识的共同热爱和追求，我和同班的李习纯、熊汉湘、张正斌、张顺达几位“移山挚友”，一同参加了王邦达老师、肖东宇老师组织的青年文学研读小组，大家经常在一起研读古典名著，学习先哲智慧，在一起谈古论今，吟诗唱词。

有一天放学回家，我和几位挚友在移山商店侧、潭韶公路旁的小山坡上停下来，对于白天肖东宇老师讲授的周恩来19岁时写下的“大江歌罢掉头东，邃密群科济世穷。面壁十年图破壁，难酬蹈海亦英雄”的豪壮诗句，互相交流心得体会，学习周总理年轻时怀着爱国济世之心，远渡重洋，求知报国，即使壮志未酬，捐躯东海，也不愧为一世英雄的志气。我们畅谈各自对未来的远大抱负和理想，谈着谈着，大家开始对诗，你一句我一句，吟成五绝一首：

烈马腾空起，
牡丹京城开。
他日展宏图，
国强民福来。

胸怀求知报国的理想，我和李习纯、张正斌、熊汉湘初中毕业后，考入离韶山只有10多公里的胡公托湘潭县第三中学，一起读高中。

进入县三中后，我们虽被编入不同班级，但在学习中互相鼓励，互相帮助，你追我赶，学习成绩经常在各自班上排名第一、第二。号称“良湖青年才俊”的李习纯语文成绩最好，享誉校内外，他的作文经常被选为全年级甚至全校的范文。后来，他和我借全国恢复高考的东风，一同考入湖南师范学院（现为湖南师范大学）政教系。我们俩从初中经高中到大学，有九年同学情，强烈的求知欲望和报国理想，让我们在成长的黄金期，像油盐坛子一样，经常连在一起，读书讨论，上下求索，在茫茫学海“会当水击三千里”。

初中时，我因理想而读书，因心志而为学，但总体上还是读书不多，学技不深。进入高中后，我努力追求学而得法，学有所精。从数学老师那里，我学会了一些基本算法，强化了对数字的悟性；从语文老师那里，我学会了正确运用语言文字的方法，练就了写好诗文的基础本领。

我的高中语文老师名叫陈方选，她一辈子独身，对学生无论男女都非常疼爱，十分关心。她诲人不倦，对我更是谆谆教导。每一次批改作文后，她都叫我到她办

1979年，摄于爱晚亭，右起：陈东琪、李习纯、熊汉湘

公室，告诉我为什么改、怎么改。从文章的中心思想，到段落划分、句子表达、标点选择，都向我仔细讲解、分析。她教导我：要在理解中学语文，不要死记硬背。写作文不要“党八股”，要灵活运用文法，文章得有魂；要文如其人，贴心、达意、传神；要生动活泼，切合语言环境；要字斟句酌，删繁就简，深入浅出，通俗易懂；要给人一瓢，自备一桶；要使人昭昭，就不能以其昏昏。陈老师教给我这些作文之法、教学之术，增强了我的学习效果，造就了我的文风，提高了我的写作技能，也为我后来高考中榜、从事经济科学研究打下了很好的文字基础。真的是“先生谆谆教诲，后学受益终身”。

中学时代，虽然时间短，但情义深长，令人难忘，催我奋进。虽然那时的理想还很混沌，目标志向还不是很清晰，但正是它把我带进更高的学习境界，让我对未来充满无限向往，也是它陪我“登韶峰眺望世界，携长卷奔向远方”。

四　劳动经历

和大部分同代人一样，我高中毕业后，没有机会上大学，不能继续读书深造，只好回家乡种地。

干农活，我不觉得苦，也不感到累，因为读高中时就利用周末到生产队出工。开荒挖土，种田插秧，修渠抗旱，抽水施肥，挑担推车，打谷扮禾（当地方言，“收割稻谷”的意思），样样能干。当时，生产队每天记工分，男劳力10

分，女劳力6分，我读书期间在生产队劳动一天得6分，毕业后工分不变。到了“双抢”季节，生产队进行不发奖的插田比赛，田里不打架子（当地方言，“插秧画格子”的意思），随手插秧，大家从田的一头同时开始，我被推到中间当领头羊，结果每次都是我最先到达田的另一头。大家看我能干，开大会进行民主评议，将我的工分提到10分，并推选我为生产队会计。这意味着，我家里多了一个全劳动力，收入要增加了。

可是，到了年终决算时，我发现，一年靠挣工分获得的收入，还没有父母和我在自留地种蔬菜、水果卖回来的钱多。一个10分的全劳动力，即使一年365天每天出工，全年也只能得到非常低的收入。我当会计的那一年即1973年，每个10分的全劳力每天收入0.149元，全年总收入最高者不足50元。作为生产队会计，我看着账本，久久发呆，心里十分难受，这是我人生第一次遭到强烈的心灵冲击。

我记得，那时的湘潭农村和全国一样，民风很好，忙时多，闲时少，没有“斗地主”，没有“麻将风”，夜不闭户，道不拾遗。傍晚散工后，在回家路上，男的哼着《沙家浜》中郭建光的“朝霞映在阳澄湖上……”，女的唱着《龙江颂》中江水英的“你只想三百亩夺取高产，却不疼九万亩受灾良田。那九万亩，多少人流过多少血和汗？那九万亩，多少人度过多少暑和寒……”。晚饭后，到处可听到《春到湘江》的笛声和《赛马》的二胡声。那是一个苦中作乐的时代，也是一个贫困循环的时代。每天，从天亮到傍晚，除了读“红宝书”和做“五件事”外，农民几乎把所有时间都用在生产队的集体劳动上，都用在“与天斗、与地斗、与人斗”上，但劳动的成果很少，所以一年到头，农民的收入很低。

作为生产队会计，我不断地问自己：这是为什么？农民的劳动怎么只能创造这么一点点价值？一个依土而生的人，怎么这么不值钱？是农民懒惰吗？不是，一年到头，从早到晚，农民面朝黄土背朝天，拼死拼活，不停劳动。为什么农民只能劳而少获，甚至劳而贫困呢？问题在哪里？解决之道在哪里？带着这些令人心酸的问题，我一边思考，一边劳动，试图找到一条让农民、让国家走出贫困的路径。

我想，解决问题的根本之道，不在于小天地，不在于人民公社、大队和生产队的内部修修补补，更不在于农民的加倍努力，而在于国家发展的大气候变化，在于彻底改变农村生产方式，在于全面解放农业生产力，在于根本突破“计划一统天下”大格局。

我也想，在既定的大气候下，一个人的力量是有限的，但如果每一个人都做出改变，都努力去突破传统惯性思维的束缚，积土成山、积水成渊，总有一天，小气候的小变化可以累积为大气候的巨变。我意识到：要改变大气候，扭转大格局，就要每一个人都来改革，都来突破传统、突破惯性、谋求创新。

带着这种思考，我一直找机会走出农村。当时我内心的想法是，湘潭人多地少，如果我走出去，越来越多的人会像我一样离开土地，走出农村。一方面，留下的人能多一块地；另一方面，出去的人可以带回新思想、新知识，为家人、为天底下所有农民带来新变化，带来一个富足的未来。

在城乡二元结构严重分割的年代，农村孩子想要走出农村，只有三条路可选：顶父母的职，进城，吃商品粮；被推荐为工农兵大学生；报名参军。前两条路，我没有条件，没有关系，走不通，我只好走第三条路。我积极报名参军，但后来大队领导告诉我："脚板太平，不宜当兵。"听了他的话后，我突感失望，顿觉走投无路。忽然有一天，生产队队长张笃玉叔叔向我报喜讯，说是公社要我参加三线建设，我喜出望外，内心感叹"山重水复疑无路，柳暗花明又一村"！

1974年初的一天，天高云淡，喜鹊声声，我用一根竹扁担挑着两个小木箱，第一次不舍地离开父母，告别家乡，奔向湘西，参加怀化—麻阳谷达坡段的枝柳铁路建设，投身军队式的集体生活，与田关云、史树仁、石立明一起打夯、抬石头、打炮眼，与谭叔云、李石泉、林朝晖一起在危险的工地做宣传工作。那时，我们一不怕苦，二不怕死，每天起来的目标和信念，就是尽快打开涵洞，架起桥梁，铺上铁轨，让山区农村和外界连通，让山里的人走出来，让外面的人走进去。

麻阳路窄人稀、山高水深，比湘潭老家更苦、更穷，几乎与世隔绝。我在这里一年半，呼吸着湘西山区的新鲜空气，感受到落后农村的贫穷，感受到山区农民的困境和他们渴望走出困境的心情，感受到这里既要抓紧通路、通电、建城，也要在生产方式和深层制度上变革、求新。

40年后的一天，我去怀化讲学，路经麻阳谷达坡站，特意停下来，看着那里穿山而过的现代化铁路和公路，看着来来往往的人用手机通话，看着改革开放给麻阳谷达坡带来的翻天覆地的变化，我感到无比欣慰，一种奇特的成就感油然而生。40年前，我在这里，和我的连队战友，修过铁路、建过桥梁、砌过涵洞，流过汗、受过伤，写过鼓舞士气的工地标语和快报诗文。也正是在这里，我被推荐到湘潭师范专科学校读教育专业，开始了从体力劳动到脑力劳动的转变，开启了从体能贡献到思想贡献的人生征程。

五 湘潭师范的时光

湘潭师范专科学校（简称“湘潭师范”）1958年由湘北建设学院改名而来，郭沫若先生于1973年亲笔题写校名，校址紧靠湘江，位于湘潭市红卫街，距离雨湖公园不到一公里。从1975年9月至1978年3月，我在这里学习和工作了两年多。在这两年多时间里，我既要学习比高中阶段更多的知识，除数理化外还有中国文学，也要学习传授知识的方法，包括如何讲课，如何当班主任、带学生，如何为人师表，等等。

在湘潭师范的时光，多彩灿烂，令我回味。红墙青瓦的教学楼里，是同学们朗朗的读书声；热闹欢腾的操场上，是同学们的喊叫声和裁判的哨声；全木质的桂花楼宿舍里，是《赛马》奔腾的二胡声；学校大礼堂里，是《四个老头逛新城》的音乐声；还有中文老师讲毛主席《沁园春·雪》“北国风光，千里冰封，万里雪飘。望长城内外……”时的吟诵声。这些对生活充满热爱、对未来满怀希望的声音，至今依然声声入耳，醉我心灵。

在湘潭师范的时光，情深似海，令我难忘。我印象最深的是60班师生团结友爱和毫不利己、专门利人的集体主义精神。无论是课堂学习、体育比赛，还是在“五七工厂”学工，在江麓挖防空洞，或是下乡学农，到烈雁金河修河、慰问演出，师生互敬互爱、团结协作，表现出那个时代人与人之间单纯、朴实的特质。有一次，我们班部分同学到江麓学工，挖防空洞，突然出现塌方，沙土不断压到我身上，领队的易华钦主任和同学们舍命抢救，他们有的头被砸伤，有的脚被砸破，但仍不顾个人安危，快速把我从塌方中挖出来。这一幕，我永生难忘，铭刻在心。

在湘潭师范的两年，第一年我在学校本部读书、听课；第二年我被派到湘潭县姜畲镇高中农机班担任数学教师。这是我人生中第一次从台下走到台上，从听课到讲课，从学习知识到传授知识，从受教育到教育人。这个看似简单的位置转换，却让我心潮澎湃，感慨万千，感受到培养国家未来人才的使命感，感受到肩上的巨大责任。我在日记中记下了当时的感受，记下了梁启超先生在《少年中国说》中所说的“少年智则国智，少年富则国富，少年强则国强……少年雄于地球，则国雄于地球”这段话，记下了如何为人师表的己训。在农机班的这一年，很短，也很长。很短，是因为给学生上课，与学生一起劳动不到两个学期；很长，是因为与学生相处的岁月，教学互助，师生共进，在我心里留下的记忆很真实，很深刻。它记下了长江后浪推前浪的一瞬，记下了学生总有一天要成为先生的一刻。

在农机班讲课一年后，1977年8月，我回到湘潭师范，留校任中文老师，兼学校团总支副书记，正式参加工作。回校不久，我去攸县的“五七干校”劳动锻炼，帮助农民秋收。秋收后我回校工作，给学生讲文学课，主讲中国现代文学。我很喜欢鲁迅的《少年闰土》、赵树理的《小二黑结婚》、许地山的《落花生》这样一些草根性很强的作品，也特别喜欢柔石的《二月》等励志性作品。在高小课堂上，我听到的只是单个故事、单篇作品，而在湘潭师范课堂上，我以分类的方式将相近作品放在一起讲授，告诉学生如何进行文学创作，如何写小说、写散文，这是一个从学知识到授知识、传技法的转变。讲课时，我总是带着感情来分析作品中的情节和人物，以互动的方式来调动课堂的学习气氛。记得在讲解鲁迅的《自嘲》这首诗时，我让同学们提问、讨论，他们谈对“运交华盖欲何求，未敢翻身已碰头”的看法，对“破帽遮颜过闹市，漏船载酒泛中流”处境的认识，对“横眉冷对千夫指，俯首甘为孺子牛”气概的敬仰，对“躲进小楼成一统，管他冬夏与春秋”性格的评价。在交流中，我鼓励学生，勉励自己，学习鲁迅为人民俯首甘为孺子牛，为理想志向而苦读奋斗，用勤劳的双手来驾驭自己的命运，用豪放的笔墨来写就灿烂的未来，把握好终点难测的人生！

六 枫叶红了的时候

1977年初冬，阳光灿烂，橘子洲头漫江碧透，岳麓山枫叶正红，在那个令人难忘的季节，我考上湖南师范学院政治教育专业，成为全国570万名考生27.29万名录取生中的一员，成为恢复高考后的首届大学生。正如当时湖南高考作文题所表达的一样，每一个人“心中有话向党说”，没有敬爱的邓小平同志的英明决断，就没有新的高考制度，也就没有一代又一代通过这个制度获得知识的人。

四年的岁月，令人向往。我经常去爱晚亭，追寻唐代大诗人杜牧“停车坐爱枫林晚”的文化踪迹，在那里讨论问题，搞班集体活动，和同学们一起畅谈理想，谈古论今。我经常参观岳麓书院，体会千年书院楹联“惟楚有材，于斯为盛”的召唤，景仰先哲们经时光淬炼的人文精神。我经常畅游湘江，感受青年毛泽东“湘江北去，橘子洲头……问苍茫大地，谁主沉浮”的远大志向，立志炼就高尔基描述的“让暴风雨来得更猛烈些吧”的体魄和意志。

四年的岁月，令人怀念。我和我的大学同学，学习是那么如饥似渴，读书是那么如痴如醉，宿舍—课堂—图书馆三点一线，争分夺秒，追赶时光。课堂上，仔细听老师们讲马克思主义三个组成部分——哲学、科学社会主义和政治经济学，我们拼命做笔记，积极提问，热烈讨论。校园里，经常不见人行路，时时听闻读书声，我和同学们一起复习，一起消化课堂知识。寝室里，我和同学们一起议国家形势，谈未来前程，今天你谈莎士比亚笔下的哈姆雷特，明天他评老舍的《茶馆》和曹雪芹的《红楼梦》……

四年的岁月，令人难忘。最难忘的是，我在大学期间做出了最重要的人生抉择，开启了政治经济学的学路历程。1979年新学期开学时，我在《人民日报》上看到一篇系统论述改革的文章，这篇文章触动了我的神经，引发我深思：为何要改革？改什么？往哪个方向改？针对这些问题，我思来想去，心中的答案是：改革将是一场深刻的革命，必然从计划经济转向市场经济，而推动改革需要人才，需要市场经济知识。于是，我下决心在大学的后三年集中精力学习政治经济学知识，为今后研究经济打下专业基础。

按照系里的课程安排，大学头两个学期，我们还只是听谭双泉老师的党史课、唐凯麟老师的哲学和伦理学课、周作翰老师的科社课，而陈贤昌老师的政治经济学课程要从第三学期才开始。为了尽快掌握经济学基础知识，我决定边听课

➲ 与大学同班同学的合照，后右一为陈东琪

边自学，花大量课外时间来研读经济学专著。

我从图书馆借来一大堆书，有于光远先生的《政治经济学》和徐禾先生的《政治经济学概论》，通过阅读这些书，学习商品、价值、价格、社会必要劳动、固定资本、流动资本、社会简单再生产和扩大再生产、商品流通、等价交换、货币、信用和利润等概念。学习中，我对一些概念的理解模糊不清，特别是对一些表面相似但内涵差异很大的范畴，我总是弄不明白。对价格和价值、商品二因素和劳动二重性、社会必要劳动和社会总劳动的内涵，我总是记不住，分不清。后来，我从图书馆里找到了1979年1月复刊的《学术月刊》。这是一份人文、社会科学综合性学术理论期刊，经常刊发讲解经济学基本概念的文章。其中有一期登有福建师范大学陈征教授解读《资本论》的文章，我如获至宝地将其和教科书一起对照阅读，边读边做笔记，直到弄明白相关范畴的内涵差异，消除概念上的模糊认识。我越学越有兴趣，积累了很多经济学知识。

机会对所有人都是公平的，但总是垂青有准备的人。1980年，全国人大常委会通过了新中国成立后第一部教育法规——《中华人民共和国学位条例》，决定从1981年开始招收攻读硕士、博士学位的研究生。我从报纸上看到这则消息后，喜出望外，暗下决心，准备大学毕业时报考应届硕士研究生。考哪所学校？报什么学科专业？由于我在高中毕业后当过生产队会计，在湘潭师范时教过高中数学，大学第二年就学习经济学知识，因此我在报名表上填写的唯一志愿是中国社会科学院研究生院（政治经济学专业）。

当时，有同学看了我的报名表之后说：“中国社会科学院研究生院层次太高，学科专业太难，不好考。”我说：“试试看吧！”实际上我心里想：“大家觉得难，不敢报，我的机会就比较大，因为竞争的人少。”我记得，大学考试报名表上我填了两个志愿，第一志愿是复旦大学（新闻专业），第二志愿是湖南师范学院（政治教育专业），结果因为我从前在湘潭师范当过老师，被第二志愿学校录取，并不十分如愿。这一次考研，我决定只填一个志愿，只留给自己一条路，没有第二个选择，这就给了我很大的压力和动力。报名后，我赶紧补习英语和高等数学，补齐我考硕士研究生的两块短板。

一方面，我拼命学习英语。在学校看露天电影时，我带着袖珍英语词典，往前翻，往后翻，翻来翻去，反复翻读、背诵，词典页面向前卷、向后卷，连页码都看不见了。在开大会时，我在手心上记着密密麻麻的单词，一边假装看台上，和会上讲话的人“保持联系”，一边默记那些半生不熟的单词。通过这些自我强化的方式，我记住了很多英语单词，提升了英语阅读水平，提高了英语分数。

另一方面，我拼命学习高等数学。我挤时间到数学系、地理系去听课，利用课余时间，学会了线性代数和古典概率计算。这些知识对数学专业的学生来说比较浅显，但够用来应付经济学专业的数学考试了。

在那个“学好数理化，走遍天下都不怕”依然带有“白专道路”嫌疑，而人们对“白专道路”依然心有余悸的年代，能够自学英语和高等数学，是要有理想和勇气的。正是这样的理想和勇气，坚定了我考上中国社会科学院研究生院的政治经济学专业的决心，炼成了我不受干扰、独立思考的精神，也成就了我专心致志研究经济学，为国为民贡献经济思想的学术梦。

七 玉泉路读研

1982年，元旦刚过，我接到中国社会科学院研究生院的面试通知后，来到位于月坛北小街2号的经济研究所，参加田光老师的专业面试。面试结束那天，我带着忐忑不安的心情，直接回老家。邻舍问我："怎么不在北京玩几天，看看天安门、故宫、天坛，登一登长城呢？"我回答说："这次冇得心情玩，如果有本事被录取，以后有机会；如果冇得本事，冇被录取，就冇得资格玩啊！"后来，我被录取，成为研究《资本论》权威专家田光老师的硕士研究生，学习《资本论》相关的课程。

那一年的2月28日，是我一生中永远值得纪念的日子。这一天，伟大祖国的首都——北京对我来说具有特殊的意义，"我爱北京天安门"不再只是歌唱和梦想。这一天，我以硕士研究生的身份，走进中国社会科学的最高学府——中国社会科学院研究生院。从此开始，我和社会科学结缘，和我喜爱的经济学结缘。

中国社会科学院研究生院成立于1978年9月25日，是在邓小平同志、叶剑英同志等党中央领导的关怀下，经国务院批准创办的全国第一所人文社会科学研究生院。为了落实邓小平同志的指示，抓紧培养人才，中国社会科学院研究生院成立后的头几年，走的是一条先招生后建院的办学之路。办学初期，没有固定的教学楼和宿舍，先后租借有关单位的房屋，直到1985年才搬到北京市望京小区，后来又搬到房山区的良乡。

去中国社会科学院研究生院报到的那天，我按照入学通知的路线提示，乘坐全国最早期的地铁从北京站来到玉泉路站。出站后，我没有搞清方向，径直走到中国科学院研究生院门口，然后才发现走错了。门卫告诉我，中国社会科学院研究生院在玉泉路站南边，大约一公里的路程，在北京市十一学校的校园内。我走进校园，看见一栋坐北朝南的楼，楼的右墙上竖挂着“中国社会科学院研究生院”的牌子。进屋报到后才知道，这是中国社会科学院研究生院暂时租用的教学楼，旁边两栋是学生宿舍。北京市十一学校属于部队的子弟学校，校区很大，环境优美。中国社会科学院研究生院在它的一个角落，很幽静，适合读书思考。我在北京没有亲人，没有家，这个角落既是我学习的地方，又是我生活的家。

研究生院下设的各系不是完全独立的，而是依靠社科院各研究所。从1978年到1982年，只招收硕士研究生，1983年建立博士生导师制度后开始招收博士研究生。我是1981级学生，也是1977级毕业后应届考入的硕士研究生。在全国招收的人文社会科学类1981级研究生中，中国社会科学院研究生院的新生是最多的。全院17个系共招收125人，其中经

与研究生同班同学的合照，后排左三为陈东琪

济系、世界经济与政治系、财贸经济系、工业经济系、农业经济系、数量经济与技术经济系、投资经济系等7个系招收48人，比全院人数的1/3还多，而数量经济与技术经济系招收24人，占经济类研究生的一半。这是因为国家急需经济人才，特别是数量经济与技术经济人才。后来成为知名人士的楼继伟、李剑阁、汪同三、张承耀、顾海兵、李拉亚和秦朵等，都是数量经济与技术经济系1981级研究生。由于租用的房屋不够，研究生院分北京班和大连班两个地方教学。北京班的经济类研究生总共16人，由经济系10人、财贸经济系2人、农业经济系2人、数量经济与技术经济系2人组成。崔丕胜、王振中、夏晓汛、樊纲、左大培、顾海良、顾海兵、裴小革、李晓西、巩文波、李庆曾、张迪恳、顾秀林、秦朵和我是一个班的同学，我们在一起度过了三年难忘的时光。

因学生人数不多，除外语课上小班外，政治、哲学、经济学等课程都按大班授课，各系学生一起听课，互相交流学习。这种开放式的集体学习持续了一年时间。基础课考试成绩合格后，第二年、第三年跟导师学专业知识、写论文。

研究生院楼房少、地方小，但是师资力量位居全国第一。给我们讲课的老师名气大、学问深，他们中既有中国社会科学院经济研究所的许涤新、巫宝山、严中平、骆耕漠、马洪、刘国光等经济学界老一辈的学术权威，也有像陈岱逊、郭大力、陶大镛这样的名牌大学教授。其他系也是藏龙卧虎、大师云集，季羡林教授就是研究生院哲学系博士研究生导师。这些老师以百家争鸣的教学风格，既传授渊博的经济学知识，激励学生独立思考、开拓创新，也培养了学生“板凳要坐十年冷，文章不写半句空”的治学精神。

与其他大学不同，研究生院这三年采取先听课、后自学和写论文的教学方式。第一年修满马克思主义基本原理、高等数学和外语等公共课的学分后，第二年、第三年主要是自学、导师面授、同学讨论和撰写硕士学位论文，学生的自由时间较多。这期间的导师面授和同学讨论让我体会很深，收获很多，对我后来研究经济的影响很大。

我的导师田光老师精通《资本论》的内容、创作史和方法论。田老师告诉我，要读懂这本巨著，至少需要掌握三个法宝。

第一个是熟读原著，包括对照研读《资本论》的第一卷、第二卷、第三卷和1857—1858年、1861—1863年、1863—1865年的三大手稿。通过对照研读，弄明白书中每一个概念范畴的深刻内涵，以及它们之间的联系和异同，特别要弄明白商品和劳动、社会总劳动和社会必要劳动、具体劳动和抽象劳动、价格和价值、利润和剩余价值、不变资本和可变资本之间的联系和异同，发现每一组概念范畴之间存在的表和里、抽象和具体、形式和内容之间的逻辑关系。只有这样，才能够准确把握《资本论》概念范畴的深刻内涵，才能完整理解马克思描述的这些概念范畴的原意。

第二个是掌握分析方法，明白表—里—表、具体—抽象—具体、形式—内容—形式是《资本论》的重要叙述方法。田老师告诉我：《资本论》从商品开篇，先分析经济形态中最表层、最具体的形式，发现商品二因素；接着剖析最里层、最抽象的内容，发现劳动二重性；最后又回到商品最表层、最具体的形式，直至揭示商品经济运行的规律，创立劳动价值论。在此基础上，建立价格理论、货币理论、剩余价值理论、资本循环周转和扩大再生产理论、信用理论，并据此揭示人类必然从资本主义转向社会主义的发展规律。

第三个是掌握分析框架，明白逻辑和历史相统一是《资本论》内容框架的基本特征。田老师告诉我，《资本论》内容的逻辑结构与资本主义发展历史是一致的。一般来讲，人们观察和分析资本主义经济的现实情况，容易看到商品、使用价值、价格、货币、等价交换这样一些表层、具体、形式上的东西，很难看到劳动、价值、剩余价值、剥削这样一些里层、抽象、内容上的东西，这也是资产阶级庸俗经济学的缺陷。马克思在《资本论》中彻底抛弃逻辑和现实相脱节的传统，在吸收古典经济学营养的基础上，透过现象看本质，建立了逻辑和现实相统一的分析框架。田老师的分析让我茅塞顿开，我既掌握了《资本论》的内容和逻辑结构，也学会了由表及里、由形式到内容、透过现象看本质的研究方法。1983年，我在《中国社会科学院研究生院学报》发表的处女作《马克思研究政治经济学的方法——从〈《政治经济学批判》导言〉到〈资本论〉》，就是我对马克思主义具体—抽象的方法论，以及范畴逻辑序列与空间历史顺序相一致思想的最早认识和见解。

在研究生院学习的第二年、第三年，除了导师面授和听专业课外，大部分时间我都是自学、与同学讨论。讨论既包括由老师出题、学生分组讨论的有组织交流，也有各寝室的自由交流。由于教室不够，大部分讨论在寝室进行。当时的寝室是北京市十一学校原来的教室，每个寝室住六个人。崔丕胜、樊纲、左大培、顾海良、裴小革和我同住一个寝室。这个寝室，既是我们的安居之所，也是我们的论学之堂，居学结合，不亦乐乎！

在寝室里，我们讨论马克思创作《资本论》时以信函方式和恩格斯交流资本主义经济周期为何是十年一次的看法，讨论为何将社会再生产分为第一部类和第二部类，讨论《资本论》第一卷的结构和第二卷、第三卷之间的逻辑关系，以及这个逻辑结构是否受黑格尔大逻辑、小逻辑的影响。我们也讨论魁奈的经济表、萨伊的效用价值论、亚当·斯密的经济人假设、李嘉图定律、马尔萨斯的人口论、斯拉法的价格理论、奥肯定律、纳什均衡、囚徒困境策略、帕累托最优、刘易斯拐点、库兹涅茨周期等理论，讨论如何评价兰格与哈耶克、米塞斯在20世纪30年代的大论战，以及如何消化、吸收西方经济学等问题。

此外，我们还讨论现实生活中的经济热点问题，交流各自对速度和效益、重工业和轻工业、农业和国民经济之间相互关系的看法，交流各自对经济改革的目标和路径的看法。这些自由的寝室讨论，经常在我用砖头式收录机播放的《二泉映月》和《梁祝》以及樊纲播放的海顿、莫扎特和贝多芬的古典音乐的旋律之中进行。讨论的题目随机，没有主讲，没有时间限制，大家无拘无束，自由发言，火花很多，收获也很多。这些没有命题的寝室讨论给我留下了深刻的印象，让我搞懂了很多问题，弄明白了不少在课堂上没有完全弄明白的经济学原理，也深化了我对经济学和经济现实问题的思考，对我后来的经济研究具有潜移默化的影响。

贰

研究经济学理论

一 创建东欧改革经济学

1982年秋，硕士研究生的第二学期，我在中国社会科学院研究生院图书馆偶尔看到了两本书，一本是波兰学者兰格的《社会主义经济理论》，另一本是波兰学者布鲁斯的《社会主义的政治与经济》。很快，我对这两本书产生了浓厚兴趣。后来，我又相继读了捷克斯洛伐克前副总理锡克的《社会主义的计划和市场》《第三条道路——马克思列宁主义理论与现代工业社会》，南斯拉夫学者卡德尔的《公有制在当代社会主义实践中的矛盾》和霍尔瓦特的《南斯拉夫的经济体制》等书。

在我读这些书的时候，我国经济学界一方面在激烈讨论改革的方向，即计划经济到底应当如何改革，社会主义经济要不要市场，要不要以及如何利用商品、资本、流通、生产价格、利润等经济范畴，如何认识和运用价值规律；另一方面也在讨论社会主义政治经济学体系如何重新构建，要不要以及如何消化吸收西方经济学等问题。当时，我感到我们讨论的角度、视野不够开阔，各家之说似乎有点闭门造车的味道。因为到那时为止，西方经济学知识只是被当作学科知识来介绍、讲授和研究，经济学家不大承认它在当代社会主义经济实践中的可用性。经济学家在《资本论》《哥达纲领批判》《反杜林论》《论合作制》《苏联社会主义经济问题》和各种各样的社会主义经济发展的实践材料的基础上创造一些新的范畴，构筑一个新体系。我发现，这恰恰漏掉了一个重要的思想来源，就是20世纪50—60年代伴随改革而获得较大发展的东欧经济改革理论。我当时想，中国是一个正在进行市场化改革的社会主义国家，应该学习借鉴东欧经济改革的经验教训，学习借鉴社会主义因素多一些的德国和法国，为什么只是一只眼睛盯着所谓自由主义的美国，盯着以美国、英国为代表的西方，盯着以马歇尔、凯恩斯、萨缪尔森为代表的西方经济学呢？从那时起，我开始收集有关东欧经济改革理论的材料，并逐步产生了对其进行综合概括和描述的想法，且决定写一本有关这方面的书，建立一个以讨论改革为中心的东欧经济学体系，介绍和表达我对社会主义经济改革的早期认识和看法。

20世纪50年代中后期，波兰、匈牙利、捷克斯洛伐克、南斯拉夫等东欧国家掀起了改革浪潮，研究改革的理论百家争鸣。从20世纪80年代初开始，我国经济学界陆续介绍东欧经济改革理论，《经济学动态》《经济社会体制比较》不断刊登相关文章。但这些介绍比较分散，没有形成理论体系。为了让改革理论研究工作者和决策者系统了解这个分散且不系统的改革理论，了解东欧经济学家对社会主义经济改革的探索和创新，并为我国社会主义经济改革提供理论参考，我尝试用“东欧经济学”这个概念来概括，并以书的形式向读者进行系统介绍。经过两年的资料收集、整理，我在1984年通过硕士研究生论文答辩后，开始编写《探索与创新：东欧经济学概论》这本书。

改革是一项复杂而艰巨的工程，社会主义经济体制改革更加复杂、更加艰难，它不仅涉及改革战略、改革方法和改革路径的设计，更重要的是要突破计划经济的意识形态和传统思维惯性，要突破曾经被当作理想的传统发展模式。在写《探索与创新：东欧经济学概论》这本书时，我感受到了东欧经济学家对改革的不断探索和坚持创新的勇气，他们提出了对中国改革具有参考价值的理论，所以，我在“东欧经济学概论”前加了“探索与创新”几个字，以体现东欧改革经济学的探索精神和创新特点，并在书的后记中写道：“全书的倾向性看法是，同斯大林时代的传统苏联经济学相比，‘东欧经济学’是一个富有创新色彩的新经济学体系，它代表世界社会主义政治经济学发展的一个新阶段、新趋势。”①

写这本书，对我来说是一项全新的工作。一方面，1985年前后，东欧经济学著作的中译本很少，大量原著都是外文，我只能最大限度地利用国内图书馆中的英文和德文材料，好在大多数东欧国家都有刊载一流的和最新的研究成果的英文刊物。另一方面，怎样安排描述结构，如何筛选材料，着重介绍哪一些经济学家，对各家之说如何评价等，都没有现成的体例可循，这都给我的研究带来一定的困难。为了建立一个逻辑一贯的描述体系，我最初有两个方案。一个方案是按人、按流派来写，写成东欧经济学流派，但我很快发现，这样写难免重复，也不便于系统介绍，不便于表达我自己的观点，而且事实上很难在东欧经济学中划出流派来，所以我放弃了流派方案。另一个方案是按照宏观和微观的划

① 陈东琪：《探索与创新：东欧经济学概论》，陕西人民出版社，1988，第407页。

分来描述，后来，我在写作过程中发现，这样写也不符合东欧经济学发展的实际情况，因此，我放弃了“宏观—微观”方案。最后我以改革为主线，瞄准重点改革领域的重点任务，形成“总论+10章”的结构体系。

这10章的内容包括8个“理论”和2个“经济学”。第一章所有制理论和第二章计划市场理论，主要介绍所有制改革模式以及计划与市场相结合模式的选择；第三章企业理论，在论述企业的组织、生产和分配的一般理论基础上，介绍以市场为导向的国有企业改革和组织模式的选择；第四章价格理论，重点介绍如何构建供求决定价格的机制，为价格市场化改革提供理论依据；第五章短缺经济学，主要介绍科尔奈分析软预算约束与短缺之间的关系，以及消除短缺的改革途径选择；第六章计划理论，强调改革不是取消计划，而是改革计划的体制、内容和方式；第七章经济增长理论，重点介绍卡莱茨基早于凯恩斯提出的有效需求原理和新增长理论（我1992年翻译出版了他的《社会主义经济与混合经济增长论文集》的中译本①）；第八章经济周期理论，主要介绍社会主义经济周期的早期研究成果，揭示社会主义为何存在和如何调控经济的周期性波动；第九章通货膨胀理论，主要介绍如何控制通货膨胀，以实现宏观经济平衡；第十章改革经济学，集中对改革目的、目标模式、战略构想、程序环境，以及如何处理好改革和稳定关系等问题进行综合论述，以使改革顺利推进。

① 米哈尔·卡莱茨基：《社会主义经济与混合经济增长论文集》，陈东琪译，商务印书馆，1992。

这个结构体系，既可以就某一方面改革的观点进行集中描述，系统介绍和比较东欧经济学家的改革思想，逻辑连贯地评价各家之说，也可以集中表达我对相关领域改革的看法。20世纪80年代中期，计划经济思维仍控制着主流意识，这个时候，即使是走在改革前沿的人，也只能就某一个领域、某一个方面提出“留有余地”的改革思想。想要系统提出改革“一大二公”的所有制，突破传统计划经济体制，主张企业是相对独立的市场主体，认为社会主义经济必然存在经济周期、通货膨胀和失业等问题，那是很困难的。在写《探索与创新：东欧经济学概论》这本书时，我试图通过建立东欧经济学理论体系，来对社会主义经济改革涉及的方方面面做一个系统研究，在介绍东欧经济改革思想的同时，发表我本人对改革的看法，并为后来的改革研究提供一些思想参考。

1986年下半年，该书初稿基本完成后，我先后在湖南师范大学、湖南财经学院（现为湖南大学）、湘潭师范学院（现为湖南科技大学）、郑州工学院（现为郑州大学）等院校，以及中华外国经济学说研究会，就书中的东欧经济改革理论做过系列专题报告，这在经济学界反响很大，引起了出版界的注意。当时，陕西人民出版社的曾宣传同志得知我写完书稿后，很快索要了书稿，以《探索与创新：东欧经济学概论》为书名，于1988年6月出版发行。书中创立的东欧经济改革理论体系，以及我所表达的改革观点，得到了经济学界的高度关注和好评，为当时我国市场化改革的理论研究和决策形成提供了可供借鉴的参考资料和改革思路。

时任中国社会科学院副院长刘国光教授在序中评价道：

"陈东琪同志的《探索与创新：东欧经济学概论》一书，是一种系统研究20世纪50—60年代以来东欧社会主义经济改革理论的有益尝试。通过这本书，我们可以对东欧国家，特别是对南斯拉夫、波兰、捷克斯洛伐克、匈牙利和民主德国等近二三十年来富有创新色彩的社会主义经济学思想有一个系统的了解。"这本书"的确是一位欢呼马克思主义的社会主义经济学应在改革中求创新、求发展的青年学者的有益之作"，"的确为我们系统了解东欧社会主义经济改革理论提供了指南""表现出对我们的改革事业浓厚的关心并寄予极高的期望，这也从侧面反映出我国青年经济学者的心声"①。三年后，我有机会和刘国光、吴敬琏、张卓元等老师辈的知名学者，参加中央领导主持的专家座谈会，讨论资本主义的发展和现状、苏联解体和东欧剧变的原因和教训、建设有中国特色的社会主义等重大问题，提出将社会主义市场经济体制作为改革总目标的看法。应当说，这与我在《探索与创新：东欧经济学概论》中系统介绍东欧经济改革理论、提出我国市场化改革思想是有关的。

二 研究计划和市场相结合

任何一种创新理论都不是凭空产生的，不是从零开始的。牛顿在给他的前辈胡克的信中说："如果说我能看得更

① 陈东琪：《探索与创新：东欧经济学概论》，陕西人民出版社，1988，第2页。

远一点的话，是因为我站在巨人的肩膀上。”无论是自然科学的发展，还是社会科学的发展，特别是社会主义和市场结合理论的发展，都是对前人思想的继承和推进，只是这个继承和推进的过程不会一帆风顺，不会一举成功。

早在1979年11月，邓小平同志就指出，那种说市场经济只存在于资本主义社会，只有资本主义的市场经济，肯定是不正确的。他进一步说，社会主义也可以搞市场经济。可见，邓小平同志在改革之初就注意到社会主义和市场的关系，强调市场既不姓“社”也不姓“资”。在邓小平理论的指导下，体制改革不断深入，“社会主义 = 计划经济”“资本主义 = 市场经济”的传统观念也就随之发生改变。

1982年9月，党的十二大提出“计划经济为主、市场调节为辅”。1984年10月，党的十二届三中全会指出，我国社会主义经济是在公有制基础上的“有计划的商品经济”，商品经济的充分发展是社会经济发展不可逾越的阶段。但是直到1985年，经济学界在讨论社会主义经济形态的基本特征时，还没有直接提出市场经济；在讨论计划和市场的关系时，还没有把市场提到和计划同等的地位，还没有形成计划和市场有机统一的共识，更没有把市场经济作为社会主义的基本体制模式来看待。这就迫切需要转变传统的观念，迫切需要提出计划和市场相结合的方案，并对其进行科学论证。这是当时经济学界最重要的研究任务之一，作为一名青年学者，我主动参与到这项研究工作之中。

1985年，我在中国社会科学院经济研究所内部重要刊物《经济研究资料》上发文，论述了社会主义计划和市场为何以及如何结合的观点，在分析计划和市场的关系时，更加倾向市场的看法。刘国光副院长看到这篇文章后，对文中提出的观点做了充分肯定，要我马上参加中国社会科学院重大课题研究。我于1985年初硕士研究生毕业后留在经济研究所经济思想史研究室（现为中国经济思想史研究室）任助理研究员，不久后参加中央讲师团，到新乡师范高等专科学校讲课，半年后就接受刘院长交代的任务，回经济研究所研究改革和发展等重大现实问题。我一边写《探索与创新：东欧经济学概论》一书，一边研究社会主义计划和市场的关系。对此，我集中关注三大问题：一是二战后的资本主义和政府干预、社会主义和市场的结合趋势，二是为何要结合，三是如何结合。

关于结合趋势，我在比较研究二战后资本主义经济和社会主义经济的运行和发展，以及参考学习20世纪20—30年代兰格与米塞斯、哈耶克之间的大论战后，得出的基本判断是：站在资本主义的立场上否定计划和站在社会主义的立场上否定市场都不符合现实经济发展新趋势。“在本世纪（20世纪），资本主义经济运行和社会主义经济运行都发生了一些超出于19世纪经济学的变化”，凯恩斯时代的美国、英国、德国和法国经济，已不同于亚当·斯密—李嘉图—萨伊时代的美国、英国、德国和法国经济，前者都受“看不见的手”和“看得见的手”调节，资本主义经济“的确形成了如荷兰经济学家丁伯根于20世纪60年代初提出的市场收敛于‘计划’的趋势”。

我进一步认为，“社会主义国家，无论是东欧，还是苏联和中国，几乎都先后经历了由单一计划经济到计划—市场结合经济的发展道路”，建立计划和市场相结合的经济体制模式，已经成为当代社会主义经济改革的目标和方向，成为当代世界经济运行的总趋势。资本主义经济运行不是走单一市场道路，社会主义经济运行也不是走单一计划道路，而是走适应各自特征的“第三条道路”：计划和市场共同调节①。这种共同调节，“是对马克思社会主义经济学说的创新和发展，是对现代社会主义经济运行实践发展趋势的生动反映。计划和市场结合思想一旦被确立，社会主义经济学家们从此就开始用一种全新的思维方式来分析和解决社会主义经济学问题了”。在我看来，“计划和市场结合论的提出，标志着社会主义经济学发生了一场根本性的革命”②。

在论证计划和市场为何要结合的过程中，我既吸收了兰格、布鲁斯、锡克、霍尔瓦特等东欧改革经济学家的研究成果，也采纳了米塞斯、哈耶克批评传统社会主义计划弊病的一些看法，在对单一计划局限性和单纯市场局限性进行综合分析的基础上，对计划和市场可以互相补充做了系统性论证。

从单一计划的局限性看，计划者面临信息收集不充分、受既得利益影响和不能直接满足微观主体需要的困难。“在经济生活中，无数有个性、有特殊喜好的个人，其生产行为、交换行为都会被打上特有个性的烙印，如果要起草一个无误的和详尽的经济计划，使从小麦的公顷数开始到不同

---

① 陈东琪：《探索与创新：东欧经济学概论》，陕西人民出版社，1988，第65—66页。

② 同上书，第98页。

消费者每一件衣服上的最后一颗纽扣为止都有一个完善的计划，那就必须事先假定计划者的头脑是万能的而且不受任何别种因素的不良影响。”可是迄今为止，我们并未发现存在这样一个“具有万能心灵的计划者团体”。事实上，计划者很难收集到足够充分的信息，很难“在很短时间内收集到上百万个信息和单项数据的基础上进行平衡计算”，即使通过改进信息收集方法得到了完备的信息，也会面临已经获得的生产和消费信息因市场快速变化而失效的困难，计划者不可能准确预知计划之中、之后发生的复杂的微观变化。此外，计划者总会受既得利益的影响，受个人和集团利益的支配，那种“计划者是柏拉图式哲学家的再现，是大公无私和聪明智慧的化身，没有非分要求，严格执行规则”的“超自然的计划者”在现实中并不存在[①]。

从单纯市场的局限性看，我概括了四个方面。第一，市场从来不是一个完全竞争市场，实际中总会表现出由于垄断而造成的严重不平等和缺点。市场本身对垄断无能为力，只有借助计划的力量来消除或削弱它。第二，市场只能反映过去的市场和分配基础上产生的需求结构，不能说明未来市场的结构、方法、费用、价格及贸易情况、收入分配和需求结构等，这要借助计划预测和对发展战略选择的认识才能知道。因此，市场经济的发展离不开计划指导。第三，市场本身不能防止那些经常出现的、对社会再生产的发展有很大危害的干扰。这只能靠计划的调节来解决。第四，市场不能单

① 陈东琪：《探索与创新：东欧经济学概论》，陕西人民出版社，1988，第67页、第77页。

独影响社会的某些重要需求的发展以及迫使市场结构做相应的改变。比如它自身不能克服重复生产，这要由计划指导和调节；另外，教育、文化、医疗、市政建设、环境保护等社会需要，只能通过有计划地分配国家收入，有预见地和及时地改变市场条件和许多社会进程才能得到满足。因此，我赞同锡克的观点："单靠市场或单靠没有市场的国民经济计划都不能保证经济的有效和符合长远利益的发展。"我据此得出结论："为了克服现代社会主义经济中不断产生的矛盾，既要改善计划方式，又必须发展和完善市场，计划和市场对于现代经济发展缺一不可。"①

为了解决计划和市场如何结合的问题，我在详细研究兰格、布鲁斯、锡克和霍尔瓦特的模式后，总结出几个重要的看法。一是有选择地吸收兰格的计划模拟市场经济模式的思想，处理好计划者主权和消费者主权的关系，强调要用积极指导性计划取代指令性计划，规范计划活动的范围，计划不涉及经济生活的细节，在微观层次上充分发挥企业自主生产和消费者自主决策的作用。二是重视布鲁斯提出的在吸取集权模式和分权模式各自优点的基础上构建含有市场机制的计划经济的思想，②强调"计划和市场结合的方式，在于

---

① 陈东琪：《探索与创新：东欧经济学概论》，陕西人民出版社，1988，第71—72页。

② 布鲁斯提出了四种组合模式。模式I：（a）、（b）、（c）均集中化；模式II：（a）、（b）集中化，（c）分散化。模式III：（a）集中化，（b）、（c）分散化。模式IV：（a）、（b）、（c）均分散化。（a）为中央级决策，（b）为企业级决策，（c）为家庭级决策。他认为，比较温和的计划市场结合模式是在模式II和模式III中进行选择。

集中决策和分散决策的最优范围，而不是在计划和市场、集权和分权中做出择一的决策”[①]。三是借鉴锡克提出的计划性市场经济模式，构建计划指导与市场关系相结合体制，用宏观分配计划解决宏观不平衡的问题，用竞争市场机制解决微观不平衡的问题，保持市场机制的不可替代的作用，同时用宏观比例计划和相应的分配使市场机制服从于社会发展目的。这种宏观、微观结合的方法可以适应各阶层人民的利益关切，避免计划决策的官僚主义，既可利用计划经济的长处，又可利用市场经济的长处[②]。四是吸收霍尔瓦特用计划调节宏观效率、用市场机制调节微观效率的思想，建立一个计划和市场合理分工的、相结合的模式。这些思想深化了我对“结合论”的看法，我认为“忽视宏观计划作用的自由资本主义经济的确不能解决宏观不平衡问题，而忽视微观市场作用的集中社会主义经济又不能很好地解决微观不平衡问题”。国家未来的选择，应当用计划解决宏观不平衡问题，用市场解决微观不平衡问题，所以，计划和市场关系改革的主攻方向是着力改善政府调节，引进市场调节机制，形成市场秩序。因为“我们的经济中缺乏一种冲击传统、培养竞争、刺激效率、追求创新的秩序，这就是现代商品经济新秩序，就是市场秩序”[③]。

① 陈东琪：《探索与创新：东欧经济学概论》，陕西人民出版社，1988，第79页。

② 同上书，第90—91页。

③ 陈东琪：《新土地所有制》，重庆出版社，1989，第112页。

三 对国有制改革的思考

随着计划和市场关系讨论的深入，经济学界逐渐将注意力转向所有制关系改革。总体看，主要有两个议题：一个是要不要改革公有制模式，特别是改革传统的国有产权制度；另一个是国有企业应该如何改革。我带着这两个问题，从1987年上半年开始，对布鲁斯、锡克、霍尔瓦特、李斯卡等东欧学者的公有制改革理论进行比较研究，试图从中找到对我国国有制改革有用的答案。

比较研究后我得出的前提性看法是，推进以国有企业改革为中心的所有制改革，目的不是取消公有制，而是“重新选择和构造公有制的组织模式或实现形式”，以适应商品生产和自由交换的需要。“当代公有制改革的基本目标是找到可以和发展社会主义商品经济结合起来的公有制的有效形式。”[①]针对“一大二公”体制，特别是传统国有制暴露出来的弊端，要对“斯大林执政时期创立起来的国家所有制模式进行根本性改造”，从根本上转变长期流行的“公有制＝国有制＝社会主义”的思想观念，让改革决策者看到，社会主义公有制的一般原则，并不是只有一种解决办法实现，通过各种各样的体制解决方法来实现是完全可能的。如果考虑到各国的不同国情和生产力发展的不同水平，社会主义公有制在未来世界上将必然是一种丰富多彩的图景，就是说未来

① 陈东琪：《探索与创新：东欧经济学概论》，陕西人民出版社，1988，第50页。

公有制模式将不是一种、两种，而是多种。同时我也看到，对已经运行了30年的“一大二公”体制进行改革，困难是可想而知的。为了破解这个世纪性难题，须要提出管用而且可行的改革方案。

那么，什么样的国有制模式，什么样的国有企业，才能和社会主义商品经济相匹配呢？或者说，有哪些改革方案可供选择呢？我从东欧改革理论中找到了两个可选方案。

方案一，实行“两权分离”，即所有权和经营权分离。在保留国家对国有企业资产的所有权前提下，把所有权和经营权分离开来，使原来的资产经营权从国家手里转移到企业手里，实现经营权变革，这是20世纪60年代匈牙利改革走过的路，也是李斯卡构想的核心。李斯卡构想实际上是一个主张用承租形式彻底改革国有制企业的设想，它通过解决资产承租者的物质担保、资产承租经营者的选择、资产承租者的权利和义务、社会资产出租机构及其职能等问题，使原来的国有企业变成了完全独立的商品生产者。所以，科尔奈指出，这是一个建立在出租国有资本给个人的基础上的社会主义蓝图。对这个构想，我研究后给出的评价是：这一构想在社会主义国家的可能应用程度到底有多大，它是否能彻底解决传统国有企业的根本问题，虽然目前还很难做出准确的判断，但是应当承认，这一构想的确富有启发性和建设性，它为社会主义公有制形式的改革和发展提出了一种独特的思路。实际上，我国国有企业改革初期以承包制为突破口，通过承包扩大企业经营权，是这一构想发挥了借鉴作用。我国于20世纪80年代中后期实行的承包制，实际上是在不改变国家对国有资产所有权的前提下，通过建立国有资产经营责任制，使经营权从国家手里下放给企业，这种“两权分离”式改革，不仅很快搞活了国有企业，而且也为后来以股份制方式改造传统国有制模式，探索新的国有制模式积累了经验，开辟了道路，同时也给人们公有制思维观念调整留下了过渡时间。

方案二，变革国有资产的所有权，使原来的生产资料国家所有权非国有化。这是东欧改革理论在20世纪60年代中期提出并在匈牙利、捷克斯洛伐克、南斯拉夫等国家实践过的方案。这个国有制的所有权改革，有三个目标模式选择。

第一个目标模式选择是社会所有制，生产资料从国家占有变为社会占有，经营权从国家手里转移到企业手里，这是南斯拉夫的改革道路。这个所有权改革的直接结果是，原来国有企业的生产资料既不归个人或集团所有，又不归国家所有，而归整个社会所有，理论上是马克思讲的“重建个人所有制”的实现，实际上不符合当代社会主义发展阶段的需要，因为这种“人人都成为‘所有者’的‘个人所有制’”，是一种所有权空泛的“无人所有制”，必然造成国有资产流失，产生无政府工团主义，所以行不通，不可搬用。

第二个目标模式选择是企业所有制，将国有资产的产权直接转为企业产权，这个选择具有打破国有垄断、明晰产权的优点，但我同时指出，它会造成企业之间生产条件即财产分配的不平等，因为国有企业的财产构成、数量和质量是千差万别的，如果按同一尺度将国有资产转给企业，会造成企业间苦乐不均。

第三个目标模式选择是资本分成制度，处在资本私有化和资本国有化中间的第三条道路，其资产占有权具体到每一个工人的头上，具有职工股份制特征。对这个目标模式选择，我当时的评论是，它虽然不能解决企业间财产分配不公的问题，但提出了以股份所有制改革国有企业的思路，经过修改和完善后，可以把它看成是社会主义公有制的形式之一，股份所有制有利于生产力发展，可以在社会分配和使用积累方面发挥积极作用。

总体上，东欧经济学界对于社会主义所有制体系的再造和配置问题已经有了许多理论构想，而且有的理论构想直接运用于实践之中。虽然可以说没有哪一个国家的具体模式是对某一种理论构想的简单模拟、复制，但是，这些理论构想有许多合理因素和有价值的东西。无论是主张国有资产所有权变革的观点还是主张国有资产经营权变革的观点，无论是自治社会所有制说还是企业集团所有制理论，无论是中立资本理论还是承租经营理论，都提出了许多新思想。我们在进行国家所有制改革的过程中，应当对这些理论构想进行认真的比较分析，从中汲取某些合理可行的东西。从实际情况看，东欧的所有制改革理论和实践，为我国公有制模式的最初改革提供了可资借鉴的经验教训。

1987年5月，我和王振中在《国有企业的改革：设想和现实——国内外几种企业改革模式的比较分析》一文中，通过对社会所有制、企业所有制、股份所有制、李斯卡承包经营模式和混合经济形式这五种改革模式进行比较分析，提出了以资产人格化为核心的多模式选择的观点。我们认为，

"原来的国有企业没有活力的根本原因，在于企业不具有资产的价值增殖动机，经理关心的是完成上级指令的计划指标，职工考虑的是分配过程的个人收益，作为企业的两个主体即经理和职工既没有资产的约束感觉，又不具有资产增殖倾向和利润驱动。从根本上说，国有企业的改革就是变原来的资产非人格化机制为资产人格化机制，就是使资产运营和企业经济行为充分反映商品生产者的意志、经济期望和行为偏好，就是使生产者的愿望、动机和一切行为目的表现为利润冲动。企业家职能和所有者资格无论是'分'还是'合'，经营利益和占有利益无论是'分'还是'合'，都需要有一个表现为利润驱动的资产增殖机制。因此，我们在按照商品经济的要求组织微观经济的基础结构时，并不等于必须用一种新的所有制形式或经营形式来囊括一切，事实上，一种构想越是理论化、逻辑化，它就越需要单一化，用于实践构造就越为片面。因此我们认为，下一步有关国有企业改革的理论研究任务，不是努力去寻找一种最优解决方式，不是去构造一个唯一理想的单一模式，而应当是进行综合研究，找到可以兼容多种所有制形式和经营方式的配组结构。"[①]1989年3月，我在《论社会主义市场经济条件下所有制形式的选择——对近十年国有企业改革的理论分析》一文中，进一步从企业规模选择角度出发，强调股份制更符合现代市场经济发展的需要。我提出："它不但可以克服承包制的非市场行为（行政式纵向隶属、负盈不负亏、不等价交换

① 陈东琪、王振中：《国有企业的改革：设想和现实——国内外几种企业改革模式的比较分析》，《中国工业经济研究》1987年第5期。

等），而且可以解决租赁制的‘抵押难题’。如果国有中小企业改革可以分别选择‘包、租、股、卖’的话，那么，国有大中型企业走股份化道路可行性更大。”①

四　土地合股制构想

1987年初，为了深入研究经济现实问题，我从经济研究所经济思想史研究室调到该所国民经济问题研究室（现为宏观经济学研究室）工作。后者最早叫国民经济平衡组，由孙冶方发起成立，杨坚白任组长，刘国光和董辅礽任副组长。它是我国宏观经济研究的发源地，国内最早知名的宏观经济学家戴园晨，计量经济学家乌家培、张守一，投资经济学家田江海等，都先后担任过研究员和室主任。1988年，我担任该研究室副主任，协助戴园晨主任工作，主要研究经济增长的长期趋势和比较经济制度。

1988年秋天，为了庆祝改革开放十周年，重庆出版社准备出版《中国改革研究丛书》，童大林任主编，陈佳贵任常务副主编。佳贵学兄找了我，要我写一本关于农村改革方面的书。我问他：“什么题目？”他回答说：“题目不固定，由你自己选，写你自己最愿意写的题目，只要是农村改革方面的内容就行。”带着这个没有命题的任务，我开始思考农村、农业发展的长远问题——土地制度改革。

① 陈东琪：《论社会主义市场经济条件下所有制形式的选择——对近十年国有企业改革的理论分析》，《江汉论坛》1989年第4期。

当时，家庭联产承包责任制已经实行了十年，效果很好。它极大地调动了农民的劳动积极性，解放了农业生产力，粮食连年丰收，农民收入大幅增加。农业生产率显著提高后，大量剩余劳动力从土地上分离出来，进入农村乡镇企业，推动了农村非农产业和小城镇快速发展，农村、农业经济出现了繁荣景象。但是，农业经济发展的小农化、分散化和短期化弊端越来越明显。家庭联产承包责任制实行后，农民获得了土地经营权，对土地经营可以自主决策，但农民不能自主处置承包地，土地产权不能流通，没有产权收益。更重要的是，土地承包经营小型化、分散化，规模不经济，耕作短期化，农民不关心改良土壤等问题逐渐显现。

针对这些问题，理论界开始了讨论。我注意到，大家的讨论主要集中在如何延长承包期，都不敢直接触碰土地产权问题。作为从农村出来的学者，我认为，延长承包期是必要的，但单靠延长承包期，不能从根本上解决小农化、分散化和短期化问题。因此我主张从长远角度，从土地产权制度变革入手，来设计新的农村土地产权制度，构建农业可持续发展机制。我决定将佳贵学兄要我写的书定名为《新土地所有制》，该书于1989年6月由重庆出版社出版。

在《新土地所有制》中，我首次提出土地合股制，也就是由农民土地入股构成的农村土地股份合作制。这个制度的基本内容和特征有九点。一是农民成为土地的主人，土地产权的归属不是泛化的、抽象的，而是明晰的、具体的。二是土地以记股分成的形式掌握在农民手中，“不像现在一样一家一户一块地，而是以入股方式和他人组合占有”。三是

“单个农民手中只握有土地股票，并取得土地股东身份”，只拥有股份价值，不能直接控制整个土地的所有权，“土地的所有权由自由联合体控制”。四是农民握有的土地股份可以自由处置，“可以按市场供求原则自由买卖，也可以无偿转让给他人，还可以作为其他经济活动的‘抵押品’。任何集团和个人都无权阻止和干涉这种股权买卖活动”[①]。五是土地股份所有者权利得到法律承认，国家法律保护土地股份的继承，“若股份所有者死亡，其股权可以按继承法转移给继承人”。六是土地股权可以出租，地租按股份给农民，当股东将土地出租给经营者后，“实际上等于所有者向经营者暂时让渡土地市场条件，对这种让渡的补偿就是经营者从土地收获物即经营利润中拿出一部分偿还给土地所有者”。七是政府不收地租，只收土地税，国家“不是采取地租形式，而是采取土地税形式”[②]从土地得到收益。八是土地股份所有者组成土地股东大会，其成员“先是在原来的社区内产生，随着股权的自由买卖越出既定社区疆界，股东大会成员来源多渠道化，股东大会就会成为一个自由人共同体。这个股东大会可设董事会又可不设董事会，其职能主要是行使对土地所有权的管理和决定地租的分配。行使决策的选票可以一人一票，也可以是按股额多少确定选票多少和在决策中所占比重大小”。九是土地股份实行最高限额制。“为了防止产生一个完全脱离劳动的地主阶级，土地股份应受到限制，由国家规定最高限额。最高限额的一般原则是，要让股份所

① 陈东琪：《新土地所有制》，重庆出版社，1989，第39—41页。

② 同上书，第59页。

有者仍然保留投资兴趣和劳动兴趣，使经济运行过程永远存在一个充满竞争和创新精神的刺激机制。”①

我当时认为，这个以土地合股为特征的新土地制度方案设计，胆子大，立意新，直指“三农”（农村、农业、农民）发展模式转换的根本，但我并不主张土地私有化，而是探寻建设中国特色社会主义新农村，加快推动农业生产规模化、集约化、市场化和现代化，创新土地公有制实现形式的改革道路。我的思想逻辑是：不改革“一大二公”的土地产权制度，不建立新的土地所有制，就不可能从根本上改变小农生产方式，从而也就不可能建立与发展市场经济相适应的社会主义新农村。这是《新土地所有制》一书在“土地所有制”前加上一个“新”字的基本目的和追求。

实行土地合股制有什么意义和好处呢？我当时考虑：一是通过土地合股制抑制土地经营短期化行为，激励农民对改良土壤和提高土地肥力的投资，既用好地，又养好地，形成内生型土地质量新机制；二是通过土地合股制促进土地产权流转和集中，从分散的小农向大农业集团公司、向自由联合共同体集中，实现土地耕作集约化、规模化，构建适应农业现代化的大规模土地经营制度；三是通过土地合股制促进土地资本化、土地信用化，让农民能分享土地财产收益，形成内生型土地资本积累和发展机制②。

推行土地合股制是一项重大变革，既涉及利益格局调整，又要转变传统观念。为了平稳实施土地合股制，我当时

① 陈东琪：《新土地所有制》，重庆出版社，1989，第43页。
② 陈东琪：《新土地所有制》，重庆出版社，1989，第43—45页。

提出三点建议。一是要循序渐进，不要太快、急进。二是要注意条件，在条件成熟的地方先试验，积累经验后再推广。三是要有新土地法来保证，在对“任何组织和个人不得侵占、买卖、出租，或以其他形式非法出让”的老规定进行修改的基础上，制定新土地法。该法除对土地的所有权、使用权、地租、土地税以及土地的开发、整治、基建和综合利用做出明确规定外，“还必须对地价的决定，耕地占有和使用的规模，占有者和经营者更详细的权利和义务，国家分享土地利益的原则，反垄断原则，土地买卖中的一般交易原则，对任意毁地、强行占地的惩罚以及其他与土地有关的行为作出明确规定。新土地法一旦批准，任何外在的权力强制都无权干涉土地经营活动”。为了改变农民法制观念淡薄的现实，我当时强调，“普遍建立法律契约关系和法律公平监督，将对建立新的社会经济文化具有不可估量的影响”[①]。

《新土地所有制》一书，有人将其视为“资产阶级自由化”的东西，结果发行量不到印数的一半就被禁止销售了。不久，社科院一位领导告诉我，有人在内部刊物上发文，说我提出的土地合股制是在宣扬土地私有化。我当时感到很委屈，因为这种批评不切实际。我在书中强调，“‘不是公有就是私有’的非此即彼思维方式是教条主义的表现”，在完善农户私营和合股经营制度的同时，建立多户自由组织的农民对土地的合股所有制，既不是传统意义上的泛化公有制，也不是排他性私有制，而是在国家掌握土地最终所有权的基

① 陈东琪：《新土地所有制》，重庆出版社，1989，第102—104页。

础上，土地产权以合股方式实行共同占有，这里的合股、共同占有完全不同于私有化，是公有制的现代实现形式，实行这种新土地所有制，是在农村建立现代市场秩序，发展高效农业，实现农业现代化的必由之路①。

1992年春天，邓小平同志发表南方谈话后，全国人民的思想获得第二次解放，处在社会主义市场经济发展前沿的广东，率先进行农村土地股份合作制改革。这场改革，先在广东的南海、宝安等地试验，接着扩展到珠三角大部分地区，后来经东南沿海北上，在福建、浙江、山东等地区的农村不断推广应用，最后扩展到中西部地区和农村边远地区。经过20多年的改革实践，农村土地合股制应用范围不断扩大，土地股份合作社成为农村重要的产权和生产组织，农民的土地权益不断增加。“土地变股权，农民变股东，有地不用种，在家就分红”这首顺口溜，在一定程度上反映了农民对土地合股制的赞扬和认同②。

农村土地合股制构想要想在全国农村普遍实施，必须有相关条件和配套体系来支撑。这个构想为农村土地制度改革提供了一个重要的目标指向，为农业现代化提供了一个最重要的基础性选择。我当时认为，农业现代化的基础是土地产权能够自由流动，而要做到这一点，就必须改革分散化、小农化的土地产权体制，以土地要素市场化来促进土地经营规模化，以土地经营规模化来促进农业现代化。这正是我提

① 陈东琪：《新土地所有制》，重庆出版社，1989，第43—45页。

② 修国文：《山东胶州土地合作社：农民变“股民”》，《经济参考报》2008年10月17日第1版。

出的农村土地合股制构想希望达到的最终目标。

五 提出稳中求进思路

1987年10月，党的十三大指出，社会主义有计划商品经济的体制，应该是计划与市场内在统一的体制。很快，国家经济体制改革委员会委托有关经济的主管部门、科研机构、大专院校，以及少数省市的专家、学者，研究我国经济体制改革的中期（1988—1995年）纲要。当时，成立了中国社会科学院课题组、北京大学课题组、中共中央党校课题组、中国人民大学课题组、国务院农村发展研究中心发展研究所课题组、国家计划委员会课题组等课题组。由于8年分成前3年、后5年两个阶段，因此这一纲要简称为“358改革纲要”。中国社会科学院课题组由刘国光副院长和张卓元所长负责，戴园晨、沈立人研究员和我为主要执笔人，工业经济研究所周叔莲所长和农村发展研究所陈吉元所长，以及经济研究所、工业经济研究所、财贸物资经济研究所、人口与劳动经济研究所、数量经济与技术经济研究所等经济类研究所的学科带头人和科研骨干，马家驹、周明俊、杜海燕、杨仲伟、黄小祥、陈佳贵、纪鹏、李庆增、蔡昉、刘溶沧、宋则等研究员先后参加了讨论。刘院长和张所长多次在北京怀柔和社科院大楼组织主要执笔人，研究“358改革纲要”的总体框架和指导思想，力图提出体现社科院特色的改革思路。我当时提议，这个思路要适应经济发展需要，符合改革推进规律，其提法还要简单明了，让领导好记，在实践中好用。经过反复讨论后，社科院的改革思路确定为：稳中求进。

为什么提出稳中求进思路呢？刘院长和张所长分别在不同场合做了深刻论证，我在《经济研究》1988年第3期也做了比较简单的分析。在通货膨胀率不断攀升的形势下，我们提出稳中求进改革思路，主要考虑是“以稳定经济的措施来保证改革，用深化改革的办法来稳定经济”[①]。

经过近10年改革，我国经济各方面都发生了巨大变化，全国的市场、建设、流通和外贸等情况比预期的好，微观经济活力增强，宏观经济快速增长。特别是在党的十三大召开以后，全国上下的发展改革热情越来越高，信心越来越足，这为深化改革创造了有利条件。但是，经济中的不稳定因素增多，市场物价上涨加快，通货膨胀问题凸显，部分城市居民的实际生活水平有所下降，企业生产成本和流通费用上升，亏损企业数量增加，财政收入增长大大落后于经济增长。怎么看这些问题？解决问题的办法是什么？有的同志认为，产生问题的原因是旧体制的作祟或者是改革过程中难以避免的摩擦，解决之道是价格改革闯关，以短痛免除长痛。我们不同意这样的看法。

我们认为，当时经济出现过热现象，虽然有改革过程的客观原因，但更重要的是“同发展战略的具体执行和某些政策的具体实施”有关，同“经济工作中急于求成的倾向”

① 中国社会科学院课题组：《中国经济体制中期（1988—1995）改革纲要——稳定经济和深化改革有机辩证结合的思路》，载国家经济体制改革委员会综合规划司编《中国改革大思路》，沈阳出版社，1988，第59页。

有关，同改革和发展的指导思想有关[①]。所以我们建议调整发展战略，改进政府政策和改革方法，最为迫切的是改变急于求成的倾向，不搞价格改革闯关，全面确立稳中求进的指导思想。所以，我们在《中国经济体制中期（1988—1995）改革纲要——稳定经济和深化改革有机辩证结合的思路》的第一部分用的标题是《“双向协同，稳中求进”的指导思想》，强调“改革与发展协同行动，就是‘稳中求进’，也是我们考虑中期改革纲要的基本思路和指导思想”[②]。

当时提出稳中求进思路，主要是基于对实践经验和教训的认识。经过反复比较研究20世纪50—60年代苏联和东欧国家改革流产的教训，以及我国近10年改革发展实践中积累的经验，我们在《中国经济体制中期（1988—1995）改革纲要——稳定经济和深化改革有机辩证结合的思路》第一部分写了这样一段话：“实践告诉我们，经济发展和经济改革必须相互协调、相辅相成。经济发展的波动往往会导致经济改革挫折。一旦发生总供需及其结构的严重失衡，就会使通过改革、利用市场机制优化资源配置的作用受到削弱，改革就会失败；而通货膨胀的压力，又会迫使人们采用行政手段来控制经济生活，使改革陷入停顿或倒退。”“如果离开稳定经济、深化改革的方针而片面强调加快发展和加快改革，其结果最终将既不利于改革，也不利于发展。”虽然当时有

① 中国社会科学院课题组：《中国经济体制中期（1988—1995）改革纲要——稳定经济和深化改革有机辩证结合的思路》，载国家经济体制改革委员会综合规划司编《中国改革大思路》，沈阳出版社，1988，第58—59页。

② 同上书，第59页、第64页。

同志质疑社科院稳健改革派对改革是否有诚意，但我们坚持认为稳中求进是一条长期可行的改革之路、发展之路，坚持认为改革和发展不能分道扬镳，要协同推进，价格、财税、金融和国企改革等不可能在经济过热和高通货膨胀下持续推进，而是需要一个相对宽松的发展环境。

在写“358改革纲要”时，我们没有也不可能预计到，两年后东欧一些国家采用“休克疗法”，快速实行经济市场化和自由化，结果导致市场化改革很快流产，国家转轨没有成功，经济很长时间陷入衰退泥潭。但是，在苏东社会主义危机到来前夜，我们主张并坚信，改革发展走稳中求进的路，虽然步子慢一点，但可以腾出时间来应对不确定性中出现的问题和风险，可以通过试错法修正改革发展决策中的错误，积累一些深化改革和稳定发展协同推进的经验。后来的实践证明，改革发展走稳中求进道路的主张是正确的，是符合我国基本国情的。

为了使1988—1995年的改革不停顿、不倒退、不失败，我们就改革思路和方法提出了四条建议。

第一条，建议确定好改革的总体方针和阶段性策略，处理好“稳”和“改”的关系。“稳”的重点是控制通货膨胀，促进经济协调发展和有效增长；“改”的重点是深化制度创新，不断推进体制转换。整个8年改革的规划设计，可以分前3年、后5年两个阶段来考虑。我们当时的设想是，前3年，采取稳中求进、以稳为主的阶段性策略，在调整矫正宏观政策指导思想、消除经济不稳定因素的同时，“着力推行那些有助于稳定经济的改革”，既要“有选择性地深化本期的改革”，又要“为后5年改革大步推进创造一个有利的环境”。后5年，阶段性策略的重点是“由‘稳’转‘进’，在‘稳中求进’总的思想指导下，改革步子可以迈得大一些、快一些”。按照我们当时的设想，1991—1995年将是“中国经济改革大推进时期，或者叫体制模式的大转换时期”[①]。

第二条，建议统筹推进企业-所有制关系改革和市场-价格机制改革。强调二者不能分开，要有机辩证地结合，协调、配套地进行，当然，在不同时期和不同情况下改革的侧重点有所不同。前3年，考虑到稳定经济的任务很重要，改革侧重于“在企业机制改革上做文章”；后5年，在继续深化企业机制改革的同时，“大步推进价格和市场方面的改革”。这个协调、配套、分步推进的设想，立足于企业和市场这两个体制基石，“目的是强化市场发育成长”，加快建立社会主义市场经济体制[②]。

第三条，建议在构建国家调节市场、市场引导企业的三位一体目标模式时，重点抓好政府职能转变，根据市场和企业发展的需要来转换宏观调控机制，将一些掌握在政府手中的调控权力下放给企业，特别是要缩小政府控制的范围，“把行政定价改造成为市场定价”，“把经济调节中的宏观参数改造成为微观参数”。“这一改革的目的是形成市场，

① 中国社会科学院课题组：《中国经济体制中期（1988—1995）改革纲要——稳定经济和深化改革有机辩证结合的思路》，载国家经济体制改革委员会综合规划司编《中国改革大思路》，沈阳出版社，1988，第65页。

② 同上书，第68—69页。

是为了建立包括企业自负盈亏在内的社会主义市场经济运行体制。从这个意义上说，宏观调控机制的转换过程必然服从和依赖于企业和市场的改革过程。”①

第四条，建议在选择改革措施时要注意近期、中期、长期目标的衔接和统一。我们提出的基本原则是，前期改革要为后期改革创造条件，前后不能自相矛盾，不能设置障碍，应当逐步逼近目标。特别是对已经放开的价格，在市场供求紧张时，不要收回来重新实行集中管制，因为“这会导致‘双轨’范围扩大而不是缩小。要达到统一的市场价格，就必须逐渐放开，而不应当时放时收，造成运行机制的紊乱”②。

按照我们提出的稳中求进思路，“体制改革的核心是进行制度创新，实现机制转换”，围绕这个核心来设计未来8年改革任务，来突破旧的体制机制，基本建立新的机制。前3年改革的重点任务：一是以完善承包经营责任制为中心，推进企业经营机制的改革，实行利税分流，为从承包制过渡到股份制准备条件；二是培育和发展市场体系，在建立市场规则的基础上，发展生产资料、资金、房地产、劳动力这四大市场，农业改革重点放在土地使用权、经营权的商品化上，创新农村流通体制，推进农村市场发育，实行农村基层的政企分开，创新乡镇企业体制等。后5年改革的目标是形

① 中国社会科学院课题组：《中国经济体制中期（1988—1995）改革纲要——稳定经济和深化改革有机辩证结合的思路》，载国家经济体制改革委员会综合规划司编《中国改革大思路》，沈阳出版社，1988，第69页。

② 同上书，第70—71页。

成新体制占主导地位的基本框架，其重点任务：一是理顺价格，实现价格形成机制转轨，基本建立市场化的价格调节机制；二是从承包制逐步转向股份制，通过划分产权，使企业真正成为自主经营、自负盈亏的独立商品生产者和经营者；三是进一步推进国家行政权与资产所有权的分离，以及资产所有权与企业经营权的分离，基本完成政府职能转换，建立政企分开的运行机制。

我们在1987年提出的稳中求进改革思路和举措，思想解放，观念超前，既主张稳健行事，不要冒进，要一步一个脚印地前行，又强调制度创新，不要走回头路。经过一段时间的实践检验后，特别是在1992年邓小平同志发表南方谈话之后，它逐渐被社会认同，被中央决策部门接受，直至近年来被党中央提升为治国理政的重要原则和做好经济工作的方法论。一个学术思路，能对国家发展产生如此重大而持续的影响，这是我们在设计思路时没有想到的。

六 哈佛大学的收获

1990年，陈东琪和欧文院长

1989年春天，社科院计划选派我出国留学，院领导问我是去伦敦政治经济学院做访问学者，去澳大利亚国立大学读计量经济学博士，还是去哈佛大学做特等生，我选择了哈佛大学。我当时想，要出国，就要去科技和市场经济最发达的国家。6月初，我第一次来到美国，第一站不是哈佛大学，而是博德尔经济学院，位于科罗拉多大学博德尔分校内。在进哈佛大学之前，需要进行基本的英语听说训练。我和刘树成、卢迈等人一起，由福特基金资助，在博德尔经济学院学习英语，选修微观经济学课程。我的湖南口音较重，L和N、H和F的发音不准，艾琳老师不厌其烦地帮我纠正。我印象最深的是欧文院长，他是澳大利亚人，对中国学生特别关照。

为了给我多创造一些练英语的机会，欧文院长经常邀我喝咖啡，安排我参加“友谊之家”和其他英语交流活动。后来，在实际对话中，我的英语口语进步很快，听说能力明显提高。一个学期后，我们几个从博德尔经济学院毕业，被推荐到不同的大学学习专业课程。刘树成去斯坦福大学，我在5个月后，由本杰明·弗里德曼教授推荐进入哈佛大学，以特等生资格，在经济系进修货币金融理论。

哈佛大学是一所开放的高等学府，没有围墙，建筑别致，绿草茵茵，古树繁茂，是剑桥市的核心区，进入哈佛大学就像进入学海仙境，让人感觉平凡而又神圣。经济系大楼的楼梯墙壁上，挂满了在这个系工作过的诺贝尔经济学奖获得者的肖像。我经常坐在阶梯上，凝视着西蒙·库兹涅茨、肯尼斯·约瑟夫·阿罗、华西里·列昂惕夫这些经济学大师，感受他们的风采，体会他们洞察经济变化的灵动思维。哈佛大学的开放，还在于对各种创新思想的汇集和包容，老师和学生来自世界各地，母语不同，肤色各异，但学习和传授知识，解读自然和社会现象的科学追求，让他们走到一起。因此我认识到，科学既来自独立思考，也来自相互交流，来自人类大脑之间的相互碰撞，以及由此获得的创新灵感和新发现。

我在哈佛大学学习了一年，主修弗里德曼教授的金融学课程，选修了劳伦斯·亨利·萨默斯教授的宏观经济学、马丁·威茨曼教授的分享经济学和科尔奈教授的比较经济制度

1990年，陈东琪在哈佛大学经济系

等课程，有时还参加费正清东亚研究中心的中国问题学术讨论。这些课程和讨论，让我获得了知识和灵感。每次听课，我都带着便携式收录机，录下讲课内容，带回宿舍反复听，在弄明白经济学原理，强化经济学思维的同时，也提高了英语水平。

弗里德曼教授的课给我留下了深刻的印象。几乎每一节课，他都是西装革履，打着红色领结，很有绅士风度，让学生获得视觉享受，有一种让人心情舒畅的感觉。他讲课非常严谨，表达逻辑缜密，围绕中心内容一环扣一环地展开。有时，整堂课就讲一个公式，或解释一个原理，像剥笋子一样，一层一层往里剥，虽然公式推导写满黑板，让人眼花缭乱，但没有一句多余的话，更没有自吹式大话、空话和套话，教给学生的全是真货。从他的讲课中，我学到了现代金融创新、消费积分的金融属性、现代金融市场结构、金融衍生品发展及其风险、金融市场对货币财政政策的影响等前沿性金融知识。从他身上，我感受到现代金融学大师对金融发展新方向的高度敏感和引领，感受到发达金融市场与前沿性金融思想的互动意义。2005年，弗里德曼教授在他写的《经济增长的道德意义》一书中提出："当经济增长速度较快的时候，一个社会就会变得更加开放、包容、积极和乐观；当经济增长速度放慢甚至停滞之后，一个社会就会变得狭隘、排外、消极和悲观。"这个思想，我记得他在多年前的课堂上就大致表述过，再次阅读，感觉很熟悉，很有见地。

萨默斯教授的课也给我留下很深的印象。萨默斯教授是经济学奇才，27岁获经济学博士学位，28岁成为哈佛大学历史上最年轻的教授，我听他讲课时，他才35岁。与弗里德曼教授的风格不同，萨默斯教授的课堂语言起伏波动较大：有时言简意赅，含蓄幽默，听起来很轻松，就像他的穿着一样；有时表达很率直，有点咄咄逼人，但内容富有思想，能激发学生的兴趣。听完他的宏观经济学课程，既能获得知识，得到“鱼”，也能积极思考，得到“渔”，即学到“捕鱼”的方法。他习惯在课程结束时出一道思考题，要大家带回去研究，下一次在课堂上讨论。讨论时，他总是很风趣地引导，给没有发言的同学使眼色，鼓励你发言，让你觉得轻松，愿意释放自己的发言欲望。每一次的讨论课总能给人满足感，让人既收获专业知识，又提高思考问题的能力。当时，我从这位年轻教授的身上感受到了他对未来趋势的高度敏感，对挑战性问题的独到见解，对科学创新的深刻悟性，在寻求解决方案时先人一步的决断能力。他的课，给我很深的心灵触动。

在哈佛大学学习期间，我的学术目的是收集经济周期资料，研究中国工业化的发展和波动。我比较多的时间用在系统研读哈佛大学图书馆的周期理论文献。通过比较研究，我发现，经济长波是与工业化相伴而行的现象，尽管各国工业化的起点、终点、路径和形态不同，但长期波动趋势是相似的，这是因为任何一次重大创新推动的科技产业革命，都存在自己的生命周期，都要经历从发育成长到扩张繁荣最后到衰退的演进过程。中国工业化发展也经历着这样一个周期过程，只是这个过程更具有个性。

从大的历史跨度看，中国工业化发展大致经历了从原始工业化（1840年以前）到资本主义工业化（1840—1949年），再到社会主义工业化（1949年以后）三大阶段的演进。在这个长期演进的过程中，虽然从1840年开始的100多年中国工业化运动表现为内生性和外生性两条线并行，甚至外生性力量一度排挤内生性力量，但是外生性工业化对中国具有明显的侵略性，其剩余价值并未转化为推动持续扩大再生产的中国资本积累，而是被英国、葡萄牙、荷兰、美国、德国、法国和日本等侵略国家用于战争，或者它们干脆将瓜分到的中国工业剩余价值直接送回到本国。而真正对中国发展做出递延性贡献的是内生性工业化，即由民族资本（规模大且具有两面性的官僚资本和规模小且具有分散性的民营资本）推动的民族工业发展，其生产方式具有“自给、自有”和“自清、自洁、自治”的特征[①]，剩余价值转化为资本的进程虽然缓慢，但剩余价值是中国工业化得以递延发展的主线。从外国资本所控制的煤炭、钢铁、电力、铁路、水泥、纺织、卷烟等现代工业的发展历史看，“外国工业资本的侵入，并不是真心实意想开发和扶植中国工业，不是想使中国走上具有自我生产能力的现代工业道路，不是为了加速很晚起步的中国工业化进程，而只愿意让中国这个资源大国成为其原料产地。因此，外国资本实质上阻碍着中国工业化进程的深化”。这也是“在1840—1949年期间，中国的工业化经历了十分艰难的里程”[②]的重要原因。

中国近代工业的发展，不是直线运动，也不是一个持

① 陈东琪：《强波经济论》，中国人民大学出版社，1992，第292—293页。

② 同上书，第297页、第303页。

续均匀递进的上升过程，而是表现为长周期波动。以煤炭、钢铁和纺织工业为例，到1949年为止，大致经历了两次长波。煤炭工业长波起点早一些，从1878年河北开平矿务局开办新式煤矿企业开始，到1920年达到高峰后波浪式下降，再到1925—1929年陷入衰退和停滞，完成了为期52年的第一次长波。1930—1942年加速增长，1943年急剧衰退后波浪式下降，1949年到达低谷，完成为期20年的第二次长波。钢铁、纺织工业第一次长波的起点比煤炭工业晚一些，分别从1893年、1890年开始，波长也短一些，分别为34年、37年，但是，三大工业第二次长波的起点大体一致。在这个基础上，我考察了1949年中华人民共和国成立以来社会主义工业发展的长波过程，将1949—1980年定义为社会主义经济第一次长波，第二次长波从1980年开始，预计这一次长波的“繁荣时期可能要延续到2000年以后”，而导致第二次长波结束的原因是，“耐用消费品和住宅产业在快速扩张后将减速，新的消费热点还未出现，从而新的主导产业还未出现，致使第二次长波转入下降阶段”[①]。现在看来，27年前的这个预判逐步得到实践印证，到目前为止，第二次长波繁荣（1980—2007年）后的调整（2008年开始）仍未结束。

在比较研究中，我将欧美等先行工业化国家的长波定义为“古典长波”，而将我国的长波定义为“新式长波”，并看到这两类长波的形态和成因既有联系又有区别。我当时认为，我国的经济长波，特别是社会主义经济长波，既受到熊

---

① 陈东琪：《强波经济论》中国人民大学出版社，1992，第304—309页、第316页。

彼特和杜因提出的技术创新的影响，也受制度变革和主导产业变迁的影响，从我国社会主义经济发展的经验观察来看，推动长波形成的原因有两个：一是经济体制变革，就是说，每一次经济体制的巨大变革和调整，总是伴随着经济增长的较强波动；二是以主导产业转换为主要内容的产业结构的变迁，“而新的长波繁荣期又依赖于新的主导产业的形成和出现”[①]。

我在哈佛大学的收获，既来自课堂和图书馆，也来自各种各样的讨论会和派对。在这些场合，我深刻感受到思想开放和交流对科学探索和进步的意义，深刻感受到不同国家、不同民族、不同肤色人种之间的互相学习和沟通的意义。湖南的老话说得好，“脚步为亲”，不同国家、不同民族、不同肤色人种之间，只要加深联系，行为及思想多互动、多融合，我们这个看似充满矛盾的世界，就会变得更加和谐、更加进步。哈佛大学为我们提供了这样一个实现互动、走向融合的平台。

在我留美学习期间，东欧剧变，苏联解体，以美国为首的西方国家趁机制裁中国，宣布暂停与中国的军事合作，实行武器禁运，推迟新贷款，中断贸易往来及双边高层接触，迫使国际金融机构推迟向中国提供贷款等政策。在内外压力的冲击下，我国经济很快陷入低迷，国内生产总值增长速度从1988年的11.2%迅速降到1990年的3.9%，资本和人才流出大幅增加，市场化改革出现停滞，“回到计划经济”的声音

① 陈东琪：《强波经济论》，中国人民大学出版社，1992，第314页、第316页。

再次响起。

1990年底，我带着一大堆经济研究资料回到了祖国，回到了温暖的家，回到了中国社会科学院经济研究所，回到了发展改革研究第一线。

七 创立强波经济理论

1990年底回国后，第二天，我就到经济研究所宏观经济学研究室上班。室里有的同事见了我就打趣道：“怎么回来啦？不在美国多待待？可以拿‘绿卡’啊！”我只是笑了笑，回答说：“是啊，中国人，走南闯北，最终还是要归根。月坛北小街2号这个地方吸引我，比较合适我。”

回来后，我集中精力研究社会主义经济周期问题，完成我的博士论文。在比较研究东西方经济周期理论过程中，我注意到，20世纪60年代以前，人们认为经济周期是资本主义经济独有的东西，社会主义经济有计划、按比例发展，不存在经济周期波动——这个观点在20世纪西方国家大萧条而苏联经济繁荣时得以强化。但当20世纪50—60年代苏联、东欧经济出现了明显的经济周期波动后，经济学家逐渐改变了社会主义没有经济周期的看法。从20世纪60年代中期开始，捷克斯洛伐克的戈尔德曼，波兰的彻林斯基，匈牙利的索阿什和布罗迪，南斯拉夫的霍尔瓦特等经济学家，最早发现并研究了社会主义经济周期的时间问题。与东欧相比，我国经济学界系统研究社会主义经济周期晚了20年。虽然1977年以前的社会主义计划经济出现了三次古典型周期，周期低谷出现了负增长，1978年改革开放以来经济发展仍然表现为大起大落，但到20世纪90年代初期，我国的经济周期理论仍只是着眼于研究常规波动。这种以常规波动为研究对象的周期理论，不能准确概括和解释我国社会主义经济发展的大起大落现象。我想，深入研究社会主义经济发展的周期波动，需要另辟蹊径。

基于这一考虑，我将注意力集中在“寻找中国经济周期波动的特征现象，并深究其特殊成因，据此设计一个特有的周期理论分析框架”。根据统计观察和比较研究，我发现这一特征就是强波，即强周期波动。这一发现让我喜出望外，我决定将博士论文题目定为《强波经济论》。我是1986级在职博士研究生，因1989—1990年出国，论文答辩延迟至1991年5月下旬，离答辩不到半年，我赶紧向导师杨坚白先生报告了我的论文设想。

杨坚白先生学识渊博，平易近人，思想不循教义，锐意创新。我在报告《强波经济论》的写作设想时，担心导师不会同意，但让我感到欣慰的是，导师不但没有否定，反而说：“很好，很有创意，就写这个题目吧！”后来，中国人民大学出版社梁晶同志将《强波经济论》列入该社1992年2月策划的“经济科学文库”中，我请导师作序。导师在序中写道，本书对社会主义经济周期问题研究的“突出特点是，提出我国经济发展的波动、周期具有强波特征，并以此为基石展开论证。强波论点的提出，在国内尚属开拓性的首创，堪称独树一帜”。他进一步强调，书中的见解道出了我国经

◐ 陈东琪与导师杨坚白和师兄张曙光、杨慎明、杨仲伟在一起

济一再出现大起大落而得不到效率提高的原因，可谓言人之所未言[①]。

在描述中华人民共和国成立以来的经济发展的历史轨迹时，我发现，中国经济波动表现为大起大落，强波特征明显，波动幅度明显高于东西方周期专家所讨论的常规波动。通过横向比较12个国家1950—1990年经济增长的绝对波动系数和相对波动系数，我得出的结论是，中国经济的波动幅度不仅高于美国、英国、法国、西德和日本等发达工业国家，也高于印度、菲律宾、印尼、泰国、韩国和新加坡等新兴市场经济体。因此，从整体上看，中国社会主义计划经济是一个典型的强波经济[②]。

通过纵向比较研究，我又发现，社会主义从计划经济（1950—1977年）到有计划商品经济（1978—1990年），波动系数的绝对值和相对值均有所下降，强波出现一定程度的

① 陈东琪：《强波经济论》，中国人民大学出版社，1992，第1—3页。
② 同上书，第45—47页。

收敛迹象。计划经济存在古典型衰退的现象，三次周期低谷的GDP（国内生产总值）均为负增长，而在有计划商品经济的发展过程中，两次周期低谷的GDP增长虽然减速明显，但并未出现绝对衰退。我的分析表明："强波主要是在改革前的集中计划经济时期取得典型形态。随着改革的深入，政府对产权、投资、生产管理和流通与分配调节的单一垄断格局被打破，市场涵盖面扩大，价格信号调节加强，使得经济增长的强波倾向有所收敛……我国改革时期规模经济增长的波动系数已经大大降低……两次波动从谷底到高峰和从高峰到谷底的变化……没有重蹈20世纪60—70年代几度出现的'大繁荣'（15%以上的增长率）后的'大衰退（负增长）'的覆辙，从而起到了熨平经济波动的效果，使国民经济增长过程中的强波倾向有了一些明显的收敛"①。但是，强波现象依然存在。

为什么会出现强波？我用同向波动假说对此做了解释。按照这一假说，强波是同向扩张和同向收缩交替出现的结果。假定动态系统中有a、b两种力量：当a和b反向变化，一个景气向上，一个景气向下时，则宏观经济动态表现为零和波动；当a和b同向变化，一起景气向上或景气向下时，则两种力量叠加，产生共振，形成经济强波。我的分析表明，与市场经济相比，计划经济更容易出现后一种情形。这是因为，计划经济普遍存在科尔奈式软预算约束，这种软预算约束造成国有企业和地方政府的投资饥渴，引发总投资需求膨

① 陈东琪：《强波经济论》，中国人民大学出版社，1992，第32—33页、第48页。

胀，促使经济过热和高通货膨胀；当“热”和“胀”达到或接近临界时，担负总量平衡责任的中央政府又不得不采取急刹车方式给经济降温，促使经济快速下行。这一过程的结果必然是国民经济的动态变化表现为强波运动。

强波是怎样形成的？我发现，强波不是由单一因素引起的，而是由发展、体制和政策三方面因素造成的。从发展看，产出增长低效、收入结构层次单一、消费选择空间狭窄，都会使景气上升的速度很快，但上升的持续时间很短，一旦遇到高通货膨胀，经济就会很快掉头向下。从体制看，由于普遍存在软预算约束，国有企业和地方政府存在永远满足不了的投资饥渴，投资需求不断膨胀，引发经济过热和高通货膨胀，一旦政策由松转紧，国有企业和地方政府又不得不同时服从指令，急速收缩投资。从政策看，中央政府既担负加快发展以尽快摆脱贫困的使命，又要负责总量平衡和物价总水平稳定，为了实现这两个目标，不得不频繁运用行政手段，以急刹车方式给经济降温，或促使经济走出低谷。可见，发展、体制和政策三方面因素叠加，使得经济总量波动表现为强周期波动。

随着改革深入推进，经济体制模式逐渐发生变化，由同向扩张和同向收缩构成的同向波动程度逐渐下降，不同地方、不同行业、不同企业之间出现一定程度的景气交叉，而这种有限景气交叉会使部分波动抵消，共振减少，从而使总量波动程度降低，最终出现强波收敛。这就是有计划商品经济比计划经济的波动幅度小一些，波动程度低一些的缘故。但是，有计划商品经济只是使强波收敛，并未消除强波。

怎样才能使经济走出强波循环呢？我当时认为，必须从发展模式、体制机制和宏观政策三个方面转变。发展模式转变的重点是调整发展战略，加快工业化转向后工业化的进程，不断提高服务业水平。根据工业发达国家的经验，“服务业比制造业在增长过程中的稳定性要高一些。在产业结构中，如果服务业份额比较大，国民经济增长就更容易出现稳定”，这是因为与制造业相比，服务业的更新需求和派生需求较小，而它“对经济增长周期的直接效应是产生于过度投资的强震荡减小”。因此，未来产业政策的基本指向，应当是在做好制造业的同时“向服务业适度倾斜”①。体制机制转变的重点是改革、创新，建立市场配置资源新机制，硬化企业特别是国有企业的预算约束，构建企业自主决策、市场自由定价的微观机制，形成经济内在稳定器。同时，加快改革行政管理体制，政府向市场和企业放权，消除大起大落现象的唯一途径就是通过深化改革来建立一个保证长期稳定增长的新机制。宏观政策转变的重点是建立适应市场经济的宏观调节机制，加快转变政府职能，减少行政干预，变直接调控为间接调控，更多运用市场参数来调节市场，引导企业实行双向微调，创新宏观调控方式，增强宏观调控效果，为经济持续增长创造稳定的宏观环境和条件。

从1992年到今天，我国在发展模式、体制机制、宏观政策三个方面的转型，虽然还未达到理想目标，有的领域和环节仍然与市场经济发展要求不相适应，但与30年前相比，其变

① 陈东琪：《强波经济论》，中国人民大学出版社，1992，第278页。

化是惊人的。这些变化，促使原来的强波经济或超常态经济转变成了现在的新常态经济，宏观层面的大起大落现象基本消失，周期波动收敛，峰谷落差缩小，GDP增长曲线走向平稳。这正是《强波经济论》期待的发展情景，也意味着1980年开始的40年超级繁荣周期结束，以速度稳、质量升为特征的新一轮长周期即将出现。

叁

建立社会主义市场经济学

一 参加1991年11次专家座谈会

20世纪80年代末90年代初，世界社会主义阵营发生了剧变。波兰统一工人党于1989年初通过决议，宣布实行政治多元化和工会多元化；不到半年，统一工人党在大选中失去政权，团结工会上台，波兰的政治经济制度发生根本改变。11月，柏林墙倒塌。12月，罗马尼亚发生社会动乱，军队倒戈，罗马尼亚共产党失去政权。1990年3～4月，立陶宛、格鲁吉亚先后宣布脱离苏联独立。1991年8月19日，苏联“八一九”事件爆发，之后除俄罗斯外的各加盟共和国全部宣布独立[①]。在苏联和东欧社会主义阵营分化、倒退的背景下，我国改革也出现了停滞，国家发展处在“向何处去”的十字路口，面临方向性选择。

针对极端复杂的国内外形势，邓小平同志多次强调，要在坚持四项基本原则的基础上，坚持市场取向的改革，坚持走社会主义和市场相结合的道路。1990年12月24日，他同中央几位负责同志谈话时说：“我们必须从理论上搞懂，资本主义与社会主义的区分不在于是计划还是市场这样的问题。”“不要以为搞点市场经济就是资本主义道路，没有那么回事。计划和市场都得要。不搞市场，连世界上的信息都不知道，是自甘落后。”[②]几个月后他又说：“不要以

① 陈君、洪南编《江泽民与社会主义市场经济体制的提出——社会主义市场经济20年回顾》，中央文献出版社，2012，《编者的话》第1—2页。

② 同上书，第93页。

为，一说计划经济就是社会主义，一说市场经济就是资本主义，不是那么回事，两者都是手段，市场也可以为社会主义服务。”[①]以于光远、薛暮桥和马洪为代表的老一辈经济学家，以及大部分中青年学者，学习领会邓小平同志的改革理论思想，主张继续推进市场化改革，探索建立社会主义和市场经济相结合的体制模式。然而，经济理论界和宣传舆论界反对市场取向改革的声音很大，计划和市场的讨论被贴上姓“社”、姓“资”的标签，市场化改革被扣上“西化”和“资产阶级精神污染”的帽子，“回到计划经济”几乎成为压倒性言论。

在这个要紧关头，江泽民同志在争论中把握中国特色社会主义的巨大生命力和光明前景，把握社会主义和市场经济相结合的大趋势，把握市场取向改革的思想主流，多次主持召开高层理论座谈会，听取专家的看法和建议，按照向前看而不是向后看的精神，坚持市场化改革的基本取向，明确发展社会主义市场经济的必然性和必要性，明确改革的总体目标是建立社会主义市场经济体制。

1991年10～12月，江泽民同志部署和召开了11次座谈会，邀请“思想解放、实事求是方面比较突出，敢于讲真话”“对改革开放的设计、论证和文件起草等工作参与较多”“海外学成”“能介绍并讨论资本主义经济和苏东经

① 陈君、洪南编《江泽民与社会主义市场经济体制的提出——社会主义市场经济20年回顾》，中央文献出版社，2012，第93页。

济”[1]的经济专家参加，其中有中国社会科学院的刘国光、张卓元、蒋一苇、李琮，国务院发展研究中心的吴敬琏、林毅夫、王慧炯，国家经济体制改革委员会的江春泽、杨启先、傅丰祥，中国人民银行的周小川，国家计划委员会的郭树清。我当时在中国社会科学院经济研究所工作，有幸参加了这一系列具有历史意义的座谈会。这11次座谈会严格保密，媒体未做报道，参会者未透漏任何信息，外界一直不知道，但会议的意义重大，影响深远。直到2012年7月9日，江泽民同志邀请参加座谈会的周小川、郭树清、吴敬琏、张卓元和我等5位专家做了回顾和评述，并将会议成果汇集为《江泽民与社会主义市场经济体制的提出——社会主义市场经济20年回顾》一书出版，才正式对外公布。

陈东琪和吴敬琏在座谈会后交谈

江泽民同志在听取了与会专家的发言后说：“大家回顾了20年前关于社会主义市场经济提法形成的来龙去脉，回顾了11次会议讨论的经过和内容。这11次座谈会，为中央在十四大文件中正式提出社会主义市场经济、明确体制改革的

① 陈君、洪南编《江泽民与社会主义市场经济体制的提出——社会主义市场经济20年回顾》，中央文献出版社，2012，《编者的话》第3页。

总体目标作了一定的思想准备。”[①]

11次座谈会，对外紧，对内松。会上无桌签，专家自找座位。不定调，专家即兴发言，畅所欲言。每次会议都由江泽民同志主持，部分中央领导同志分开参加不同会议，大家发言不受限制，怎么想就怎么说，江泽民同志有时提问，有时插话，会议气氛非常轻松，与当时外面的紧张气氛形成鲜明对照。

11次座谈会，集中讨论资本主义的发展和现状、苏联解体和东欧剧变的原因和教训、建设有中国特色的社会主义三个专题。

在第一个专题座谈会开始时，江泽民同志强调，研究资本主义是为了更好地建设社会主义。列宁说过，帝国主义是资本主义的垂死阶段、腐朽阶段。但二战后的资本主义垂而不死、腐而不朽，生产力有了很大的发展，而且发展还比较平稳，没有出现像1929—1933年那样的大萧条，这个问题不能回避，需要研究讨论。座谈中，专家们指出，二战后西方国家的生产力快速发展，是因为在总结吸取历史教训的基础上，认真对待社会主义制度的挑战，不断调整经济体制和宏观政策，提升福利水平和缓和社会矛盾，充分发挥市场和科技的巨大作用。江泽民同志不断点头，并插话说：“科技的重要性，我们总是认识不到位。比方说，电子工业，我看全国至今还没有认识到其重要性。领导干部知识水平不提高，对此就很难认识到。技术革命特别重要。二战结束以

① 陈君、洪南编《江泽民与社会主义市场经济体制的提出——社会主义市场经济20年回顾》，中央文献出版社，2012，《编者的话》第7页。

后，科学技术发展太快了。上大学我学的是电机系，当时教科书还都是电子管的内容，没有晶体管。现在呢？发展太快了。现在科技作用更重要了，不承认科技革命的巨大作用不行。”[①]在座谈会中，我着重谈了西方国家通过改变劳动报酬制度，包括既完善工资经济又发展分享经济来增加工人的收入，调整改善劳资关系。因为我讲话有点湖南口音，在谈到威茨曼的分享经济概念时，江泽民同志问我：“你讲的是什么？”我直接回答：“Sharing economy。”江泽民同志马上说：“哦，明白了，分享经济，这是个新概念，很有意思，要好好研究。”

在第二个专题座谈会开始时，江泽民同志要大家回答几个问题：为什么马克思主义指导下取得社会主义革命成功的国家，经济没有搞得很好？苏联、东欧过去的基础比西方怎么样？有的差，有的还不差，为什么后来都不行[②]？专家们在讨论中指出，苏联、东欧垮台有多方面的原因和教训，最重要的是理论僵化、不改革、政治关系处理失误、民族政策不当、党的干部腐败和脱离人民群众，归根结底是经济没有搞上去，老百姓不满意，这些问题的根子在体制。当我们谈到计划分配资源、体制效率低下时，江泽民同志插话道：“社会主义如何把劳动生产率搞得比资本主义还高，这是个大问题。”[③]当专家们谈到政治体制改革和惩治腐败时，江泽民同志语重心长地说：“社会主义民主法制当然要不断

① 陈君、洪南编《江泽民与社会主义市场经济体制的提出——社会主义市场经济20年回顾》，中央文献出版社，2012，第73页。

② 同上书，第75页。

③ 同上书，第76页。

发展。”“我对腐败问题感到十分沉重。‘七一’讲过反腐败问题，十四大还得讲。‘七一’讲话中，最得人心的就是这一段。”[①]会议结束时，江泽民同志总结强调：“我们要坚持用历史唯物主义的观点来分析过去的历史和经济。苏联、东欧的失败不是社会主义的失败，只要我们真正吸取其教训，坚持改革开放，有中国特色社会主义事业一定能取得更大成功。”[②]与会专家，特别是苏东问题研究专家和我，都谈了苏东失败的教训以及我们应如何吸取其教训，应以改革来构建社会主义和市场经济相结合的发展体制和模式。

在第三个专题座谈会开始时，江泽民同志明确说，建设有中国特色社会主义的核心是处理好计划和市场的关系，“总的感觉是，我们该放的必须放，该集中的必须集中。现在是应该放开市场调节的没有放开，应该用计划集中的没有集中。我们提计划经济与市场调节相结合，具体怎么做是关键。我们有些东西该计划管的没有管，不该政府办的事管得太多”[③]。在座谈中，专家们认为，计划经济和市场经济要并用，计划和市场不应分主次；计划要“牵牛鼻子”，而不是“抬牛腿”；计划不能和市场规律、价值规律对着干；改革要收缩计划，扩大市场调节的范围，建立市场配置资源的机制。江泽民同志充分肯定大家的看法和意见，在专家谈到首长批项目的问题时，他插话道：“首长批项目是几千年封建社会的遗毒。我认为，我们本事再大，也不能简单一批就定项目，谁有

① 陈君、洪南编《江泽民与社会主义市场经济体制的提出——社会主义市场经济20年回顾》，中央文献出版社，2012，第77页。

②③ 同上书，第78页。

这个本事？还有，研究要搞成真正的可行性研究，而不是可批性研究。首长批项目，往往有贪污腐化，流弊丛生。”他说，“至少有两点：一是首长批示上项目要坚决反对；二是地方的利益驱动上项目，问题也很大，要解决①。”接着，专家对农业、粮食、乡镇企业、剩余劳动力就业、外资、外贸、进出口信贷、民营资本投资等问题发表了看法。当专家谈到粮食储备问题时，江泽民同志语重心长地说：“研究粮食储备问题，多储备，就得多拿钱。到底国家应储备多少？我看我们必须有一个全国性的系统。中央、地方都要有储备，都要有责任。将来要各级负责，适量储备，然后把价格放开。”②他又根据亲身经验说：“过去我搞过清产核资，库存里有许多东西是废品，没什么用处。生产了卖不出去，质量好的东西也经不住放。收音机、电视机，放上两三年，可能就不能用了。”③在听了这两段话后，专家们感到击中了计划经济的要害，讲清了社会主义需要市场机制的道理。后来，郭树清同志在回顾中深有感慨地写道：“由于江泽民同志工作过的行业、企业非常多，他对我们自身体制和政策的优点缺点、利弊得失，有着一般人所没有的深切体会。这段话对大家很有教育和启发意义。对库存的态度，差不多可以说是区分计划经济与市场经济的一个标尺，因为计划经济下人们只重视生产计划的完成，不会重视销售结果。国有企业真正做到销售导向、按订单生产，差不多花了20年的改革探索时间。”④

---

① 陈君、洪南编《江泽民与社会主义市场经济体制的提出——社会主义市场经济20年回顾》，中央文献出版社，2012，第80页。

②③④ 同上书，第82页。

在座谈会上，很多专家谈到了对外开放问题，江泽民同志插话道："近代以来，我国经济落后，有很多复杂原因和教训，最根本一条是闭关自守，夜郎自大，故步自封，丧失了很多发展机会。我们党带领人民走改革开放的路，走对了。"当专家谈到世界银行等国际金融机构为我们提供贷款，提出改革开放的要求时，江泽民同志说："这没关系，我看可以干，他们什么目的企图不要管，我们是改革开放，建设社会主义，于我们有利，为什么不干？不要因噎废食。""以后对发展中国家的援助，就应当多用买方信贷或卖方信贷。""我看多搞外贸信贷比较好，推动我们的机电产品出口到发展中国家。"当有专家提到有关部门的评价和看法不一时，他特别嘱咐："这个事情可以协调一下，有个总的政策。我也可以做这个工作，大家一起商量，是可以解决的。"[①]

在座谈中，有专家认为应对西方"和平演变"的对策，关键是以改革促发展，把经济搞上去。江泽民同志插话道："要做到胸中有数，要清醒，'和平演变'是危险的。但是绝不能有兵临城下、草木皆兵的印象。我们要抓住这个机会，把经济搞上去。一句话：财大才能气粗。把经济搞上去，就需要稳定，不能乱。"[②]也有专家建议要重视地区差距、民族关系和苏联国内联盟和共和国关系，江泽民同志用非常严肃的语气说："应该认真研究这个问题，一定要从中吸取教训。""我们的有利之处是，这几年改革开放，边疆

① 陈君、洪南编《江泽民与社会主义市场经济体制的提出——社会主义市场经济20年回顾》，中央文献出版社，2012，第83页。

② 同上书，第86页。

地区经济也有很大发展，人民生活水平有明显提高。不过，我也看到，比较下来，还是其他地区经济发展水平更高一些，差距大了也是问题。”①

有的专家建议经济发展不要追求高指标，要重视效益，江泽民同志充分肯定地说：“经济增长速度要有一个恰当的把握，既不能过慢，也不能过快。过慢不行，像我们这样的国家，慢了吃饭和就业都有问题，更谈不上赶超发达国家；过快也不行，快了就会出问题，质量滑坡，能源交通都跟不上。”他又说：“关键是效益好不好，效益好，速度高点是好事，效益不好，速度很高，没好处。”②

包括我在内的几位专家讲到，西方国家已经出现白领超过蓝领、脑力劳动取代体力劳动的主体地位趋势，我们建设有中国特色社会主义，要重视教育和人才，要有人力资本概念。坚持公有制为主体不是都要搞成公有制，应充实公有制为主体、多种所有制共存模式的内容，公有制和其他所有制经济都可以探索建立职工持股制，以此来提高劳动者的劳动积极性，激励劳动者多做贡献。这样，既可以拓宽劳动者的收入渠道，又能增强国家发展的动力。江泽民同志插话道：“国家必须尊重人才，个人必须奋力拼搏，要鼓励青年到生产科研第一线，要教育留学生回国施展自己的才能。”③他反复强调人才和创新对国家发展的重要性。

11次座谈会，层次高、内容实、气氛活，我第一次参加

① 陈君、洪南编《江泽民与社会主义市场经济体制的提出——社会主义市场经济20年回顾》，中央文献出版社，2012，第87页。

②③ 同上书，第85页。

这样的会，感触多，体会深。总书记和专家，面对面，不拘束，不教条，轻松交流。大家谈看法，摆观点，提建议，实事求是，畅所欲言。总书记插话、提问、点评、总结，既从实际出发，立足国情，客观科学，又站得高，看得远，具有全球视野。11次座谈会，既不回避敏感问题，对资本主义发展、苏联解体和东欧剧变做出客观判断，又对构建社会主义市场经济体制和发展中国特色社会主义提出了建设性意见和建议。正如《江泽民与社会主义市场经济体制的提出——社会主义市场经济20年回顾》中所说："11次座谈会比较充分地讨论和酝酿了我国经济体制选择和改革目标，出现了'社会主义市场经济'的倾向性提法，提出了市场在资源配置中起基础性作用的说法，对社会主义市场经济应具有的基本特征进行了较全面的讨论。在某种程度上，为江泽民同志1992年6月在中央党校的讲话提供了一定的理论素材。"[①]1992年10月，党的十四大明确"我国经济体制改革的目标是建立社会主义市场经济体制"。1993年11月党的十四届三中全会通过的《中共中央关于建立社会主义市场经济体制若干问题的决定》，提出了建立社会主义市场经济体制的50条具体内容，"其中一些思路与1991年11次座谈会的内容也有明显关联，是一脉相承的"[②]。

11次座谈会结束不久，1991年12月25日，戈尔巴乔夫宣布辞去苏联总统职务。与此同时，其他东欧社会主义国家，

① 陈君、洪南编《江泽民与社会主义市场经济体制的提出——社会主义市场经济20年回顾》，中央文献出版社，2012，《编者的话》第4页。

② 同上书，《编者的话》第6页。

如保加利亚、匈牙利、捷克斯洛伐克、阿尔巴尼亚、南斯拉夫等国的共产党也相继失去执政地位。第二天，苏联最高苏维埃通过决议宣布苏联停止存在。被称为“老大哥”的苏联社会主义，在同资本主义的70年竞赛中退却了，倒下了。是资本主义优越于社会主义吗？不是。是社会主义的生命周期结束了吗？也不是。问题的关键在于，苏联、东欧内部体制出了问题，改革发展迷失了方向，当腐败、通货膨胀、失业、社会矛盾等问题日益凸显时，没有坚持社会主义方向，没有及时而有效地推进改革开放，没有把经济搞上去，党离人民群众远了，国家发展离先进生产力远了，离世界发展新趋势远了。

相比之下，在同西方资本主义的竞赛中，在遭受苏联解体与东欧剧变的冲击中，中国不仅没有退却，没有倒下，反而表现出更强的生命力，获得了更大的繁荣和发展，创造了从“社会主义救中国”到“中国救社会主义”的改革发展奇迹。这主要是因为，中国共产党和她的领袖力挽狂澜，带领中国人民，在坚持社会主义方向的大前提下，坚定不移地推进深化改革开放，主动选择发展社会主义市场经济，创建充分发挥市场和现代科技互动作用的新机制，不断释放出发展动力和活力，赢得了内向创新、外向开放的发展空间。这是我参加11次座谈会最深的感受，是我学术生涯中一次重要的思想体验。

二 设计市场型就业和社会保障制度框架

传统理论认为，失业是资本主义经济的特有现象，社会主义经济不存在失业。1988年，我提出，这个传统理论不符合市场化改革逻辑和实际情况，有必要加以修正。我在1988年《劳动与人事》第3期发表的《关于社会主义条件下的失业问题：体制改革的一个侧面》和《经济研究资料》第23期发表的《失业论：对社会主义古典就业理论的修正》两篇文章中指出，只要搞市场经济就会有失业，这是必然的，也是合理、有用的。因为失业会给人压力和动力，可以提高劳动生产率，对它，我们只能积极面对，并通过合适的政府政策加以缓解。当时，理论界只讲劳动市场，不承认劳动力是商品，我公开发表社会主义存在失业的观点后，理论界有人提出质疑。然而我想，只要是客观规律，只要能经得起往后的实践检验，就一定是正确的，我就应当坚持，并继续进行深入论证。

为了系统论述我的社会主义存在失业的观点，在20世纪80年代末90年代初，我独立主持了国家社会科学基金资助的“中国就业机制改革与就业政策”课题，参加了当时由刘国光副院长代表中国社会科学院、赵东宛部长代表劳动部主持的“劳动工资”课题，与中国社会科学院经济研究所戴园晨教授、劳动部劳动科学研究所夏积智所长和美国哈佛大学、华盛顿州立大学、俄亥俄州立大学、迈阿密大学、加利福尼亚大学伯克利分校的专家合作由美国福特基金资助的“中国

1989年，陈东琪和戴园晨教授参加中国非公有经济高层论坛（台州）

劳动力市场与工资改革”课题。在这些课题研究中，我们对劳动力市场培育、就业和工资机制改革、社会保障制度构建、就业战略和政策调整等方面提出了一些看法和建议。这些看法和建议，对20世纪80年代末90年代初我国劳动就业制度、工资机制、社会保障制度改革的实践和理论产生了直接影响，有的研究成果直接被劳动人事部采用①。

对于劳动力市场培育，我们提出，必须承认劳动力是商品。因为“从资源配置的角度讲，市场经济不能够只包括商品市场不包括生产要素市场；而且生产要素也是一个完整的体系，不能够只包括生产的物质要素而不包括人身要素。人们通常以为我国缺的是资金，对于物的要素很重视；以为多的是人，对于人的要素经常忽视。其实，人是第一要素。二战后德国和日本的重建，不是靠拥有大量资金，而是靠拥有高素质、高智力结构的人才。传统体制的僵化表现在很多方面，其中对劳动力资源配置的僵化是非常突出的，它没有

① 张卓元、周叔莲、吕政、汪海波、宋灵恩主编《中国百名经济学家理论贡献精要》，中国时代出版社，2010，第288页。

能做到人尽其才、才尽其用。劳动力不能流动，一次分配定终身，埋没了很多有用之才”。而劳动资源的合理配置和劳动力市场培育发展是分不开的，如果劳动力不是商品，又怎么可能有劳动力市场或劳动市场呢？改革过程中，“资金、技术等生产要素的商品性质的确认，遇到的阻力要小一些。而对于劳动力的商品性质，很多人想不通”。我们认为，必须突破“劳动力不是商品”的传统思维，既要承认国有企业以外的劳动力是商品，也要承认国有企业中的劳动力也是商品[①]。

对于就业机制改革，我们提出，重点是转变政府统包就业模式，实行企业和劳动者、雇主和雇员双向选择，构建劳动者自主择业的市场型就业机制。针对当时劳动力行政配置的复杂情况，我们建议，按已经市场化和还未市场化两个领域分开来推进。农村和城镇私营、个体、三资企业的就业已经市场化，其改革重点是完善就业和失业保障机制。公有制企业及机关、事业单位的就业还未市场化，其改革重点是“建立市场导向的新就业模式，把吃公粮的劳动力推向市场舞台，让劳动者的岗位进出受供求规律的调节；把劳动力的政府统包、行政调节机制改造为自由选择的市场调节机制”。“公有部门就业市场化、失业公开化的目的在于塑造一种激励机制，提高劳动效率，同时扩大劳动者选择职业的权力。”公有部门的岗位进入，要“普遍建立合同雇佣制以取代终身固定制，企业与雇员的契约合同要受劳动供求状况

① 戴园晨主编《中国劳动力市场培育与工资改革》，中国劳动出版社，1994，第3—15页。

和劳动力市场价格支配。劳动者自己决定进入什么企业，企业根据生产需要决定招收多少、什么员工；取消政府对新就业和再就业的统一分配。因此，劳动者岗位进入是一个市场过程而不是一个行政过程”。岗位短期退出，采取公开失业形式，用失业救济金制度代替目前的行政统包就业制度，废除用补贴发工资以维持在职失业的制度。在决定解雇多少员工、解雇谁时，由企业自由决定；再就业亦由企业和劳动者自主双向选择，而不采用行政命令式的强制安排。岗位长期退出，政府规定法定的退休年龄外，不再包揽退休工人的工资分配，用社会保险金制度取代单位退休金制度[①]。

对于工资机制转换，我们提出，公有部门的工资全面转向市场调节。国有企业方面，在理顺内部工资分配制度的基础上，将工资分配纳入市场调节轨道，对保险福利、医药费用、劳保、物价补贴、住宅福利等，按照市场经济要求进行改革。同时加快实物工资货币化、市场化，促进非工资收入机制转换，变工资双轨制为单轨制。“非工资收入应该货币化、工资化，以工资的形式表现出来，这不仅有利于制定正确的工资和收入政策，通过税收进行收入再分配的调整，而且有利于劳动力自由流动，因为非工资收入工资化后，劳动力的职业选择就只受工资信号调节，而不必担心丧失由单

① 戴园晨主编《中国劳动力市场培育与工资改革》，中国劳动出版社，1994，第140—144页。陈东琪、王振中、王晓韵、王诚、鲁奇：《中国就业制度改革：分析与构想》，《中国人力资源开发》1989年第2期。

位配给的养老、医疗保险和住宅福利等非工资收入。”[1]机关、事业单位方面，应“根据市场经济和按劳分配规律的要求，来重新建立工资形成和调节的格局。总目标是：收入货币化，工资标准弹性化，升级增资正常化，水平调节引入市场机制；就绝大多数员工而言，实行单一工资制，政府只对少数有特殊贡献的、生活特别贫困的和边远艰苦地区的员工给予特别奖励或津贴；在工资管理体制方面，实行中央和地方分级管理”。促使“机关、事业单位脱钩，部分事业单位企业化”，“其工资可以采取不同的标准体系和分配程序”。“将来，机关实行公务员工资制，事业单位的工资应改变目前单一由政府财政拨款的办法，除基础性事业和部分垄断性事业继续由财政支持外，大部分事业机构或者是转向企业化，自负盈亏，或者是转向基金会资助，其工资自行决定，以减少财政拨款”[2]。这些设想，后来逐渐被政府有关部门采纳。

对于社会保障制度，我和李习纯、韩孟在《全球社会保障制度考察》一书中提出，改革重点是构建全国统一的市场型社会保障制度。这个制度应具备三个特征：一是社会化，整个保障福利的形成和分配过程在社会范围内进行，摆脱对企业、机关、事业单位的依附；二是市场化，福利的形成和分配不受行政限制，也不是实物配给，而是借助货币和市场

① 戴园晨、陈东琪主笔《劳动过剩经济的就业与收入》，上海远东出版社，1996，第169页。

② 戴园晨主编《中国劳动力市场培育与工资改革》，中国劳动出版社，1994，第319—320页。

交易；三是统一性，保障的形成和分配所遵循的规则一致，没有所有制、部门、城乡差别，只要你投保、纳税，不管你是什么身份的人，得到的保障收益都是平等的，不存在歧视性。考虑到我国人口多，退休队伍庞大，农民份额大，不同所有制之间的职工身份差别大，国民经济还处于发展中阶段等实际情况，在确定社会福利水平的基线时，“既要从民众利益出发，按照社会主义的精神办事，让每一个社会成员都生活在一个有社会保障的安全体系中，但又不能照搬西方，不能把福利水平定得太高，以防止走上高福利化道路后不能自拔”。为了构建能够体现社会化、市场化和统一性的新社会保障制度，就必须彻底改革单位依附型福利分房、退休养老、公费医疗、失业救济、低收入家庭和贫困补助等旧制度。在时间安排上，“由现行单位化保障制度向新的市场型社会保障制度，可以考虑用8年至10年时间，即从1995年开始，到2005年结束”。为了便于操作，可以分两阶段推进，每个阶段用5年时间。新社会保障制度的资金来源或投保费用可按个人、企业、政府三元分摊，由政府主管部门根据实际需要，从5:3:2、6:3:1、4:3:3这三个分配结构模式中做出具体选择。政府的钱从何来？一方面，向民众借，即发动社会保障债券，筹措基金；另一方面，出售一部分国有资产，用其所得收入投入社会保险制度建设。“为了加快新保障制度的建立，政府应下决心尽快建立国家级权威的社会保障制度，组建委员会（社保委），加紧新制度的设计、政策的安排、立法工作，同时配合其他方面的改革。”在改革的有限序列安排上，我们建议：“第一步，明确思路。确定目标和阶段性工作任务。第二步，立法。制定含有操作和长远目标规定所有项目性法律，如养老金法案、医疗保健改革法案、失业救济法案等。第三步，实施。不必试点，而应在中央政府深思熟虑后，以立法为依据，全面实行。以后实践中有问题，再对法律条文的若干方面进行修正。在中国，建立市场型社会保障制度，是一件必然的、非常迫切的大事，这件事迟做不如早做，而且现在做这件事已具备充分的条件。”①

对于政府的就业政策，我们提出，在新旧就业机制转换完成以后，政府不再“直接给劳动者安排工作，而是转向就业率和就业水平管理，通过间接调控来最大限度地提高就业水平，创造更多的就业机会，降低失业率”。特别是，“政府降低失业率的努力，不是用行政命令直接要求企事业单位安排多少没有工作的人，而是通过影响利率、税率等参数的水平以及扩大公共部门投资来创造更多的就业机会，用市场方法来推进总就业水平和失业率”②。为了实现充分就业，应加快就业结构调整和实施新的发展战略。第一，着力提高劳动者受教育水平，加强职业培训，提高其劳动技能，增加休闲时间，实行带薪休假制，为劳动者提高工作效率创造良好的精力和心理条件，以发展保姆业的形式推动家庭劳动专业化等③。第二，借助政府所采取的计划和产业政策的

① 陈东琪主编《全球社会保障制度考察》，广东人民出版社，1995，第198—217页。

② 戴园晨主编《中国劳动力市场培育与工资改革》，中国劳动出版社，1994，第145页。

③ 戴园晨、陈东琪主笔《劳动过剩经济的就业与收入》，上海远东出版社，1996，第114页。

指导作用，在加快小城镇建设的同时，实施劳动替代资本战略和向第三产业倾斜的劳动就业政策并保持连续性，“采取果断措施发展交通，在全国范围内兴起如同当年美国那样的大搞铁路、公路建设”，以缓解就业市场化、失业公开化带来的压力[①]。第三，调整对外贸易战略，由以资源、市场换技术的进口替代战略逐步转向以加工制造为基础的出口导向战略，既避免资源枯竭，又增加就业机会。第四，以立法方式保护私人资本，促进形成私人资本积累机制。如果让人们“有一个私人资本永远受保护并且财产可以继承而不被没收的政策预期，他们就会以更为节俭的方式将部分收入变成资本积累，投资、开店、办厂，走当年台湾的道路，这对于发展经济、创造更多就业机会、降低宏观失业率有百利而无一害”。如果没有对财产保护的稳定预期，人们就会怕被“当作地主而被打倒”，就会“宁肯多生孩子、多盖房子、多玩色子，而不愿意投资开店、办工厂”[②]。第五，“应通过法律保护和减少管制等途径，消除发展私人经济特别是以家族资本形成为基本内容的中小资本经济的障碍，降低资本进入门槛，鼓励个人集资或独资开店、办厂。通过资本大众化来扩大就业空间，增加城市就业门路。如果资本大众化了，以家族企业为主的城市私有制经济蓬勃发展起来了，未来中国的就业就可以多一个分解压力和风险的力量”[③]。

---

① 戴园晨、陈东琪主笔《劳动过剩经济的就业与收入》，上海远东出版社，1996，第116—117页。

② 同上书，第119页。

③ 同上书，第120页。

三 建立社会主义市场经济学体系

1992年10月，党的十四大明确我国经济体制改革的目标是建立社会主义市场经济体制后，党政干部和企业家、农民和工人、老师和学生迫切需要知道什么是社会主义市场经济，如何建设和发展社会主义市场经济，各行各业的改革工作也需要系统的社会主义市场经济理论指导。“为了推动社会主义市场经济理论的发展和创新，须要在坚持和发展马克思主义政治经济学基本原理的基础上，建立一个可以用于统一教学的社会主义市场经济学体系，以便有更多新人在了解经济学最新发展的同时参与社会主义市场经济理论的创造和发展。过去，中国人学习经济学，课堂在中国，先生是洋人，影响最深的是几十年来习惯于计划经济思维的苏联人。现在，我们搞有中国特色的社会主义，经济学也要本土化，中国人需要自己的经济学，须要抛弃苏联模式，须要改变计划经济思维。这里讲的本土化，不是自我封闭，不是回到小生产和自给自足，而是在吸收现代市场经济一切有用知识的同时，建立一个符合中国人的偏好、文化传统、道德规范、行为方式，以及人口和自然环境特征的经济学体系。中国的经济学须要创新，须要从自己的国情出发来创立一个能解释和引导中国人思想和行为的理论。”①

基于上述考虑，我决定写一本有关社会主义市场经济

① 陈东琪、李茂生主编《社会主义市场经济学》，湖南人民出版社，1995，《前言》第4页。

学方面的书。1993年11月，党的十四届三中全会提出总体改革思路和50条具体措施后，我的写作意图更加明确，写作思路更加清晰。从1993年底开始，我着手制定写作计划。1994年底，我从中国社会科学院经济学科片调到研究生院，接替李茂生副院长的工作。这次调动，让我有机会和他合作主编《社会主义市场经济学》。

编写《社会主义市场经济学》是一项开拓性工作。以往研究社会主义经济的书，无论是社会主义政治经济学，还是社会主义经济学，都或多或少地带有计划经济或有计划商品经济的时代特色，它们没有，也不可能以社会主义市场经济为研究对象。我们要创作的《社会主义市场经济学》，面对的是一个前人没有看到过的新研究对象，即社会主义市场经济。在这个背景下建立起来的经济学体系，“不受某种既有理论定式的约束，不受传统观念的限制，而是立足于现实，从预示未来发展趋势的新成长点透视问题的答案”[①]。

《社会主义市场经济学》的研究对象是什么？我们认为，研究资源配置及其行为和规律，是经济学的共性，不管哪一种经济学都要研究资源配置，社会主义市场经济学不能不研究这个共性。就像是人，不管是广东人还是北京人都有其共性。当然，更为重要的是，社会主义市场经济学的个性，它主要表现在资源配置的体制模式、组织结构和行为方式上。“社会主义计划经济学，强调计划配置资源；社会主义市场经济学，强调市场配置资源，它虽然并不忽视计划

① 陈东琪、李茂生主编《社会主义市场经济学》，湖南人民出版社，1995，《前言》第2页。

调节的作用，但是将消费者、生产者和资源所有者的自由选择置于突出位置，特别重视竞争和供求决定价格的基础作用。”“与资本主义市场经济学相比，社会主义市场经济学又更为强调宏观调控、计划指导和政府干预，把‘公有制为主体’、按劳分配和共同富裕，作为实现社会范围内最大限度平等的调节手段。这样看来，社会主义市场经济学并不是对社会主义计划经济学和资本主义市场经济学的简单否定，而是一种新的综合，正如社会主义市场经济是对计划经济和市场经济的综合一样。”①

在确定好研究的基础和对象之后，接着要做的是构建理论体系，设计全书的篇章结构。我们决定，按大逻辑结构来分篇，按小逻辑结构来设章。分篇时，遵循从特殊到一般的叙述方法，先讲社会主义市场经济个性的内容，后讲各类市场经济共性的内容。全书分上篇、中篇、下篇：导论与制度分析、微观经济分析、宏观经济分析。这个结构体现从特殊到一般、从个性到共性的大逻辑。

在篇下设的章，属于小逻辑，其叙述结构由各章内容来定。上篇包含第1章至第4章，体现了从一般到特殊的小逻辑。第1章导论属于综合内容，主要描述经济学和社会主义市场经济学的内涵定义、研究范围、地位作用、历史发展和方法论，但在细分时也有差异，有特殊性内容。第2章至第4章主要叙述社会主义市场经济的特色内容。第2章企业组织与创新过程、第3章政府与市场和第4章收入分配制度与现代

① 陈东琪、李茂生主编《社会主义市场经济学》，湖南人民出版社，1995，《前言》第2—3页。

平等原理，分别叙述社会主义市场经济制度的三大特征。但在细分时，既描述体制改革的内容，讲到与传统社会主义经济学所讲的公有制、计划和按劳分配既有联系又有区别，体现建立社会主义市场经济体制的改革目标要求，又描述企业组织和创新、经济运行和调节、收入分配和平等三个方面的最新发展趋势。这样，老问题新解，比较鲜活，有现代感，可读性强。

中篇微观经济分析和下篇宏观经济分析，从标题看与西方宏观经济学和微观经济学没有特别大的区别，但从具体内容看又有自己的特殊性，因为这两篇的内容不仅吸收了西方宏观经济学和微观经济学的内容，而且大部分来自当代社会主义市场经济发展和改革的实践，后者体现了中国特色。为了处理好一般性和特殊性的关系，我们对已经成熟、没有争议、学界已有共识的一般内容，采用西方宏观经济学和微观经济学内容；对还不够成熟、有争议、待改革突破的特色内容，提出我们自己的观点。

在分析消费者偏好和选择时，注意消费体制障碍如何影响消费者行为；在分析企业行为时，注意垄断和预算约束对国有企业在成本、产量和价格决定中的影响；在分析劳动者行为和工资时，注意二元经济结构和双轨制对就业和工资决定的作用；在分析经济增长和波动时，注意地方政府的追赶意识、速度攀比、投资冲动和同向选择产生强波的机制；在分析财政和货币时，注意财税、利率和货币供求形成体制的特殊性；在分析总供求关系时，注意体制和结构性原因导致的不稳定问题；等等。这些内容都反映社会主义市场经济的特色，也是社会主义市场经济学的独到之处。

创立一个有中国特色的社会主义市场经济学体系，“须要经历一个比较长时间的探索过程，我们现在提供的这个体系只不过是这一过程的最初尝试。我们的贡献主要是完成一种创新式理论的综合，是根据这个社会主义市场经济的新实践做出最新的概括”，是从基础理论方面入手，完全突破苏联《政治经济学教科书》的理论范式，突破这一范式影响了几代人的思维格局①②。

《社会主义市场经济学》一书，由我的大学同学陈敬女士和她的同事车戈平女士编辑。她们为全书的编校、修订、出版和再版付出了辛勤劳动，做出了巨大贡献。该书由湖南人民出版社于1995年8月出版第1版之后，受到了社会各界广泛关注，得到了广大师生的认同，很快便有10多家高校用它作为本科生和研究生教材，为满足需要，出版社多次印刷。1995年12月和1997年6月，在北京召开了《社会主义市场经济学》教材座谈会和全国高校社会主义市场经济学理论与教材研讨会，会上我们听取了60多位专家教授的修改意见。在吸收专家教授意见的基础上，我们根据实践的需要，对全书做了两次比较大的修改和完善，并于1997年8月出版了第2版，于2000年3月出版了第3版。《社会主义市场经济学》多次出版后，在社会上产生了很大的反响。周叔莲所长在推荐该书入选孙冶方经济科学奖时说，这是目前国内研究社会主

① 陈东琪、李茂生主编《社会主义市场经济学》，湖南人民出版社，1995，《前言》第3页。

② 同上书，《前言》第4页。

义市场经济学最系统、最有见地的代表性著作，向全国广大干部群众传授了社会主义市场经济的基本知识，为推动建立社会主义市场经济体制做出了重要贡献。

四 在教学中研究宏观调控

1994年11月，中国社会科学院滕藤副院长在研究生院宣布由我担任研究生院副院长，随后我在研究生院一直工作到1999年9月。这是我结束在湘潭师范专科学校任教后，第二次在教育战线工作。不过，这一次是“双肩挑”，既抓教学，分管学位办、教务处、英语教研室等，又搞研究，修订出版《社会主义市场经济学》第2版和第3版、写作《微调论：走出短缺后的中国经济与政府政策》和《新政府干预论》，建立有效政府理论。在教学中研究，在研究中教学，这是一种很有趣的思想互动体验。

研究生院于1985年正式迁入新校址北京市望京小区，从此学校才有独立的教学空间。新校址占地面积很小，没有体育馆，没有操场，学校举办大型文体活动要去旁边的北京青年政治学院或其他学校。由于学校空间窄小，招生规模、在校生规模也比较小。我到研究生院工作后，院领导班子商议，加快扩大学生规模。我们经常陪同中国社会科学院分管研究生院的滕藤副院长到北京物资学院等单位考察，试图以并购或联合的方式，扩大研究生院的规模，也到怀柔、通州、大兴和房山等郊区做了实地考察，设想成立中国社会科学

1998年，左起：廖世伦、方克立、晋保平、陈东琪、王青海、郑秉文

院大学。最终因为地皮、人员安置和经费等问题作罢。

当时提出了两套扩规方案，一套是外延式，一套是内涵式。对于外延式扩规，研究生院领导班子无能为力，只好加快推进内涵式扩规，计划用5年左右的时间，将招生规模、在校生规模扩大1倍以上。我刚到研究生院工作时，在校生不足300人，每年新招100名左右。1994年增加了一点，也只有112名，其中硕士生37人，博士生75人。后来，每年大幅度增加招生人数。1995年增加到144人，增长28.6%，其中硕士生36人，博士生108人；1996年增加到156人，增长8.3%，其中硕士生39人，博士生117人；1997年增加到168人，增长7.7%，其中硕士生47人，博士生121人。我1999年离开研究生院时，研究生院新招博士生近200人，新招硕士生近50人，在校生总规模近500人。随着招生规模扩大，学校迁址或成立规模更大的学校，就比我刚到研究生院时更为迫切了。

对于研究生院的教学管理，我主张：一方面，要发挥好制度的作用，用制度管人管事，让师生依章而为，院领导的首要职责和任务是制定完善、监督执行好制度和规矩，而且这些制度和规矩要简明易行，以制度维持秩序，以制度保障行为和管理的效率；另一方面，要创造良好的教学环境，特别是给学生营造学习、思考和创新的气氛，让他们能够及时了解学科前沿的信息和动向，发现自己可以有所作为的创新空间，这既有利于写好论文，又有利于不断增强学习、思考和创新的兴趣。在研究生院工作期间，我要求学生读好“三本书”：一是“经典著作”，譬如经济学，要精读《资本论》原著，读完经济史和经济思想史权威著作，读懂所有诺贝尔获奖者的代表作，泛读经济专业外的名著；二是“实践”，我鼓励学生，特别是经济专业的学生，多做社会调查，及时了解各地、各行业、各阶层和其他各类经济主体的行为及其变化，从中获得最新的资料；三是“听名家讲课”，我创办“当代中国经济”大讲堂，每月请知名学者、专家型官员和企业家为全院学生讲课，让学生直接接触名家，学习前沿的经济思想，强化专业学习热情和创新欲望。

由于把大量时间用于教学管理，我在研究生院工作期间的专业研究时间较少，不得不对有限的时间进行更合理的配置，收窄研究范围，聚焦研究内容。除了优先参加政府工作报告等文件的起草工作以外，我收缩课题研究战线，在整理和完善已有创新观点的基础上，主要做一些系统集成式的研究。我尽量让学生参加课题研究，让他们在读研期间就能参与研究工作，掌握研究方法，提高研究能力。

1998年元旦前后，上海远东出版社计划出版《中国经济发展研究论丛》，邀请刘国光担任主编，吴敬琏担任副主编，李京文、张卓元、周叔莲、黄达、王珏、陈吉元、杨圣明、周小川、林毅夫、刘伟、樊纲担任编委，要我担任秘书长并承担微调专题写作。按照出版社的要求，我挤时间系统整理多年来形成的微调观点，并请博士生李建伟、徐强、陶晓龙、高莉、李春琦、王冬梅、刘建平一起研究。1998年11月，我们完成了《微调论：走出短缺后的中国经济与政府政策》的编写，构建了一个比较系统的微调思想体系。这个体系集中回答了四个问题。

第一，什么是微调？书中给出的明确定义是："微调实际上又叫小调整，它的基本特征是单次调整的幅度小，各次调整之间相隔的时间短，调整的频率高。在宏观经济政策意义上，微调幅度的内容是指所出台的政策措施，如税率、利率、汇率、工资、价格等市场参数的变化率比较小。"即除了在萧条时期刺激经济和过热期紧缩经济时的综合政策力度应当大一些外，其他时期的宏观调控尽可能采用幅度比较小的微调方式[①]。

第二，为什么要微调？本质上看，宏观调控是人们的主观对客观做出反应的行为，受到主观和客观两个方面影响。从客观看，经济的未来发展是不确定的，你不可能提前准确地知道未来变化的轨迹。从主观看，所获得的信息是有限的，这些信息会随着时间变化而逐渐过时。由于受主观、客观双重局限，宏观调控不应当一步到位，也不要希望一举成功，而只能用不断试错的方式来逐步逼近我们要达到的目

① 陈东琪：《微调论：走出短缺后的中国经济与政府政策》，上海远东出版社，1999，第293页。

标。经过多次试错，可以逐步改变经济变化的方向和轨迹，在一定程度上起到熨平波动的作用，改变大起大落的趋势。相比较而言，微调中调控次数较多，单次调控力度较小，可以避免急刹车和急踩油门的交替，因此调整的代价较低，可以避免风险积累，以渐进的方式化解经济风险。

第三，微调的内容有哪些？主要包括向上微调和向下微调两个方面。当经济出现过冷苗头时，政府可进行向上微调，这样可以防止滑坡，避免下跌过快、过深。当经济出现过热苗头，投资扩张过快时，政府可进行向下微调，实施偏紧政策，适度抑制扩张势头，但措施不要用力过猛，要试着来，先调预期。这种向下微调可以防止过热，平抑周期波动的高峰。向上微调和向下微调都是逆周期调控，这种逆周期调控能够起到缩小峰谷落差、减缓宏观波动的效果。

第四，微调应坚持哪些原则？一是调控要遵循经济规律，采用经济办法，运用市场参数，如利率和税率等工具，尽量不用行政手段进行宏观调控，尤其是要少用全面整顿这样的做法；二是多用结构式，防止“一刀切”，特别是在出现产业景气的交叉变动时，不能伤害代表未来趋势的先进部分，“一刀切”既容易导致同构化和“劣币驱逐良币”现象，又容易诱发共振，引起强周期波动；三是逆向调控要注意措施的强度和力度，防止用搞运动的方式搞调控，既不能鼓励大干快上，又不能鼓励一齐向下；四是掌握好调控节奏，措施要分步实施，尽量避免在较短时期内连续出台过松、过紧措施，用多次小调整代替一次性大调整，避免强震。在采用微调方式来进行宏观调控时，“不仅要注意政策工具运用的协调、配合，注意调整的方式和强度的变化，而且要注意各次调整之间的时间间隔或长度。我们把这种‘各次调整之间的时间间隔或长度，叫作调整周期。由于经济发展存在一定的周期规律性，在实行政策操作时，也就应当灵活地考虑调整周期，根据调整周期来选择政策出台的时机。当然，政策出台的时机选择，还要考虑经济发展的内外背景及其变化趋势。这有两种情况需要注意：第一，如果政策操作有预期考虑，打了提前量，政策放松或从紧的力度就可以轻缓一些；第二，如果政策操作没有考虑预期，措施出台已经明显滞后，政策放松或从紧的力度就应当大一些，‘下药’的剂量重一些。从这个意义上可以说，政策强度的选择与政策出台的时机有关，因为不同的时机面对的背景是不同的”[①]。

虽然微调效果不会在短期内很快显现出来，而是渐进释放，但在之后你会发现，微调具有重大的经济安全效果。人类的缺陷是，容易记住重大的灾害事件，对毁灭性事件记忆犹新，而对常规性安全过程视而不见，对发生在平凡过程中的安全操作不当一回事。在宏观经济管理中，微调就属于容易被忽视的常规性安全过程，它的每一次操作显得很平常，不会惊天动地，但意义十分重大。因此，在《微调论：走出短缺后的中国经济与政府政策》中，我主张逆周期调控，强调政府在进行宏观调控时，要用好向上微调、向下微调的预调微调方式。我当时认为，宏观调控就如同开车。司机的开

① 陈东琪、李茂生主编《社会主义市场经济学》，湖南人民出版社，1995，第706—707页。

车经验告诉我们，根据路况和随机风险情况，适时适度“点刹”和“点油”，车辆运行往往比较平稳、安全，车子的磨损也小，乘车人也比较舒适。所以，《微调论：走出短缺后的中国经济与政府政策》一书封面上提醒读者：“宏观调控如同开车，为什么不选择微调方式，让国民经济这辆车受损小，每个乘车人舒服一些呢？”

五　构建高效政府理论

1999年初，国家新闻出版署、教育部、首都经济贸易大学出版社等决定出版《中国当代中青年经济学家论著文库》（简称《文库》），并将《文库》列入国家“九五”重点图书出版规划。遴选并约请刘伟、樊纲、魏杰、钟朋荣、范恒山、李晓西、邱晓华、马建堂、杨帆和我共10位中青年学者，分别就产权制度、所有制、宏观经济调控、企业改革、政府干预、人民币汇率、新世纪的宏观经济政策等专题进行论述，作为《文库》中的10本书出版。还邀请董辅礽、吴树青、李京文等国内著名经济学家及世界著名经济学家、诺贝尔经济学奖获得者、美国麻省理工学院终身教授保罗·萨缪尔逊进行评论和评奖。而我选的是政府干预专题。

为了完成这项任务，我马上制定了写作计划，并邀请我的博士生陶晓龙、张文勇、李春琦、徐强和硕士生徐万教（韩国留学生）参加研究写作。经过大家的共同努力，我们于1999年7月完成了《新政府干预论》的编写，2000年2月由首都经济贸易大学出版社出版发行。这是我在研究生院工作期间的第二项重要科研成果，是师生合作的结晶。在该书中，我们对为什么需要政府、政府作用的局限性、政府规模与机构改革、政府权威与市场秩序、政府高效与制度构造等问题进行了系统研究，构建了一个比较完整的有效政府理论体系。这个理论体系提出了以下重要观点。

关于为什么需要政府这个问题，该书指出，一方面，人们的生活离不开政府。“你刚一出生，是对父母的依赖，没有父母，你的成长和发育就会有问题。但是，你的健康成长，需要代表国家和人民行事的政府。如在我国，孩子从出生开始，为了预防疾病，免费接种各种疫苗；2个月到4个月时，吃预防小儿麻痹症的糖丸等，这些都是政府组织的。医院对低龄幼儿的定期检查，也由政府开支。到了上学的时候，政府提供从小学到初中的义务教育。除此之外，还会享受到政府提供的医疗保障，低收入家庭还能享有津贴和其他福利。可见，在现代社会，每一个人都需要政府，离不开政府的帮助。”[①]人民需要政府，这是每一个国民都有切身体会。另一方面，市场也需要政府。我们提出，市场缺陷要由政府来解决，有六个理由：一是对通货膨胀和通货紧缩、有效需求不足和过剩、失业、贸易赤字等总量不平衡现象，“市场本身无法解决，只有借助政府的宏观调控来缓解”；二是对周期性波动和经济危机，“市场的价格调节也是无能为力的，这要靠政府运用宏观政策来缓解”；三是对“私人

① 陈东琪：《新政府干预论》，首都经济贸易大学出版社，2000，第11—12页。

物品过剩和公共物品短缺并存的结构性矛盾，市场无能为力，要靠政府财政加大以公共投资为基本内容的直接投资来解决；四是对收入分配不均等现象，市场也无能为力，须要政府通过税收调节等手段来缓解；五是对企业短期化和利己行为导致的环境污染等外部不经济现象，市场更是无能为力，须要政府来防控；六是对包括“运动员”和“裁判员”在内的市场主体行为，须要政府制定规则来予以约束。可见，市场不是万能的，须要政府发挥作用[①]。

除一般作用外，政府还具有市场无法代替的特殊作用。在面对巨额无约束的国际危机资本冲击时，政府干预和管制非常必要。在与发达国家竞争时，要改变因先天不足而形成的发展弱势，以加速增长方式缩小与发达国家的差距，“如果单纯跟进市场自身发展的脚步，所需要的时间就会更长。为了缩短时间，使国民经济的成长产生‘加速’效应，比较便捷的途径是由政府来主导经济发展。这并不是一个凭空产生的思路，也不是个别国家的特殊选择”[②]。为什么落后国家加速发展需要更多地发挥政府作用呢？

第一，与发达国家竞争的需要。通过对韩国政府主导型战略获得成功与阿根廷采用国际货币基金组织的自由市场建议最终失败进行比较，我们深刻感受到：国际市场的竞争是无情的，一国、一地区要想在竞争中获得有利的竞争地位，就必须有足够的经济实力，这是比较落后经济体进入国际市场、参与国家竞争就面临的挑战。为了应对这一挑战，比较

① 陈东琪：《新政府干预论》，首都经济贸易大学出版社，2000，第13—14页。

② 同上书，第241页。

落后经济体首先要解决的问题是如何迅速提高自身国际市场上的竞争力，如何使本国进入国际市场的产品不仅具有以低劳动成本为基础的低价格优势，而且具有高技术含量、高质量的优势，让更多的海外用户接受本国产品。这就需要提高本国产品的技术含量和质量，需要提高国内企业的整体技术素质，而要做到这一点不是一件轻而易举的事情。如果继续走市场自由放任的发展道路，企业的技术进步和产品质量的提高就需要一个比较长的过程。落后国家要在竞争激烈的国际市场上获得有利地位，实现从落后到赶超的跨越式发展，就必须借助政府力量。

第二，加速大企业的形成和发展的需要。由于大企业在研发、标准、定价和市场控制等方面具有明显优势，它们在国家跨越式发展中起关键作用，“一国要想确立其在国际舞台上的竞争优势地位，没有一个具有较大资本规模、现代化水平和拥有较大市场份额的大企业财团几乎是不可能的”。而加快大企业成长，须要政府大力支持，像韩国一样“运用政府干预这个手段时，力度较其他国家更大一些”①。用国家手段培育大企业财团，“用加速提高企业规模水平的办法，加速技术攻关、降低成本、提高质量，就可以缩短技术改造和提高质量的进程，从而比较快地提高国际竞争力”②。

第三，加速资本集中的需要。对于相对落后的国家来说，发展大企业财团面临的首要问题是社会资本积累不足、

---

① 陈东琪：《新政府干预论》，首都经济贸易大学出版社，2000，第243页。

② 同上书，第241—242页。

资本小而分散。为了加快社会资本的积累，将部分细小、分散的资本集中起来，就必须借助政府力量。一国在资本形成水平不太高的情况下，要加速社会资本的集中，形成大企业财团，没有政府的主导和推动是很困难的[①]。

就如同市场不是万能的一样，政府也不是万能的，它不可能把所有事情都做好。在分析政府局限性或政府失灵时，我们提出了四个理论假说：一是信息不足或信息丢失假说；二是决策过程的波动过大假说；三是决策者智慧不足假说；四是决策者利益约束假说[②]。既然政府和市场都有优点、缺点，我们在处理政府和市场的关系时，就不能做出顾此失彼的选择，而应当让其发挥自己的长处，弥补自己的短处。“政府用它的优势弥补市场的缺陷，市场用它的优势弥补政府的不足，互相取长补短，按照分工原则，各自运用自己的优势调节经济。”[③]在建立一个符合分工原则的政府和市场有效结合的经济组织模式时，“要从政府能做什么和市场不能做什么这两个角度界定政府的职能范围，尤其是在政府和市场的职能‘交叉’处找到一个较优的解决方案”[④]。

为了找到较优的解决方案，我们对如何选择合理的政府规模做了理论分析。我们强调政府要有为，更要有效，“作为一种制度安排，政府规模的选择首先应当遵循效能原则”。这个效能原则就是政府能够在保持廉洁的基础上高

① 陈东琪：《新政府干预论》，首都经济贸易大学出版社，2000，第244—245页。

② 同上书，第30—31页。

③ 同上书，第VI—VII页。

④ 同上书，第55页。

效运行。“它不仅表现在对控制过程有很高的权威、很强的力度，而且表现在控制的高效，令行禁止，言必行，行必果”。按照这个效能原则，政府最优规模选择的位置，应落在它带来的成本最小和收益最大的那一点上。我们分两个模型来定义这个位置：在政府和市场互替性交易模型中，这个交点是边际政府交易成本和边际市场交易成本相等；在政府和市场互补性交易模型中，这个交点是边际制度成本和边际制度收益相等[①]。

怎么判断政府规模是否合理？这里的所谓“合理”是指大小适度：太大了，构成政府所投入的资源就会有浪费；太小了，该由政府做的事情，政府又做不了。我们用公务员占全国人口比重和政府开支占GDP比重这两个指标来衡量政府规模，并进行横向和纵向比较，发现我国的政府行为效率较低，既表现在规模数量膨胀上，也表现在政府开支结构不合理上，政府经常性开支中的直接消费，特别是公款消费过多，用于竞争性领域的建设性开支过多，挤压了企业发展的空间，减少了市场机会。下一步的政府改革，既要精简机构，变双轨制为单轨制，降低政府开支比重，又要按照政企分开、精简高效、权责一致、依法行政的原则，加快转变政府职能，建立一个精悍有力、高效透明、公正廉洁的政府。

我们认为，秩序是社会的灵魂，是市场经济的生命，社会规模越大，人口、民族越多，地域范围越广，越需要

① 陈东琪：《新政府干预论》，首都经济贸易大学出版社，2000，第61—62页。

政府建立和维护秩序，越需要构建以契约为核心的行为规则体系。市场经济是一种契约经济，这种契约经济需要一个旨在实现最大化个人利益和最大化社会利益相结合的规则。这个市场规则保障个人自由，但个人自由是有边界的、受约束的，而不是自由放任的。从全社会角度看，个人自由受到规则限制是必要的，就像红灯亮时你必须停车，闯红灯会使司机和社会都付出代价一样。“个人自由的最大化、绝对化，只能发生在只有一个人的乌托邦世界里，而不能发生在拥有两个人以上的社会中，因为社会利益最大化绝不只是社会中所有单个人利益的加总，还包括减去所有单个人行为的负利益（对他人的损害）。”政府最基本的职能，就是制定出保障个人相对自由、他人利益不受损而令社会利益最大化、社会损失最小化的规则[①]。这个规则，应体现公平、效率和稳定的原则，通过公平准入和公平交易来实现企业公平竞争，通过义务教育和消除身份歧视来实现就业机会均等和公平分配。“这样看来，政府在制定市场规则时，首先要考虑的是如何贯彻机会均等的原则。”[②]

我们也强调，政府既要制定好规则，也要执行好规则，要严格惩罚违规行为，引导社会形成自觉守规的习惯。如果政府做不到令行禁止，规则就会成为一纸空文，结果是有规则、无秩序。因为违规行为得不到制裁，那些原来守规矩的人也会慢慢变得不愿意守规矩了。而要做到有法必依，令行禁止，政府权威是非常重要的。在人与人之间的相互关系表

① 陈东琪：《新政府干预论》，首都经济贸易大学出版社，2000，第89页。
② 同上书，第99页。

现为契约关系的市场经济中，政府承担着对违反契约实行制裁以保护契约者利益的责任。“只有政府才有绝对的权威，让每一个参与签约的人感到所签契约的合法性和有效性，清楚一旦签约中有一方违约时，另一方的利益不会受到损害。尽管签约双方在签约前就对彼此的信誉有足够的了解，但是，人们还是担心存在信誉的不稳定性，还是要求有政府通过惩罚行为实现的保约权威。从这个意义上说，建立在契约关系基础上的市场经济，离不开作为保证契约生效的有权威的政府。”①

除了制定规则、监督规则执行，建立和维护市场秩序以外，政府经济工作的重要任务是进行宏观调控。政府既要通过财政货币政策来做好总量平衡，缓解经济运行中的总量失衡，实现稳定增长、充分就业、价格总水平稳定、国际收支平衡和收入分配相对公平这五大目标，用逆周期政策熨平周期波动，也要通过运用好产业政策来解决结构性失衡，促进结构升级。面对总供给构成与总需求构成不对称，生产结构与消费结构不对称，生产结构转换落后于消费结构转换等结构性矛盾，“用控制需求、紧缩银根的办法不但无益于矛盾的解决，而且很有可能使矛盾加剧。因为，在结构性矛盾比较突出的情形下，单纯的需求控制最容易对短线产业和部门产生影响，结果长线没有压下来，短线反而更短。如果政府政策不是从扩张总量需求出发，而是从调整结构出发，其重点就应该是对短线产业实行宽松的信贷和投资计划，用加快

① 陈东琪：《新政府干预论》，首都经济贸易大学出版社，2000，第68—91页。

发展短线的办法来达到结构性均衡化的目的。在结构升级过程中，实行有效的结构管理，是社会主义市场经济中政府进行宏观调控的特殊任务”[①]。

在我们看来，产业政策对结构调整具有引导作用。我们将产业政策定义为“政府对产业内和产业间资源配置的介入，以实现资源有效配置”，分为产业组织政策和产业结构政策两种。产业组织政策主要是指产业内部资源配置的各项经济政策，重点是反垄断，促进公平竞争；产业结构政策是指不同产业之间资源配置的各项政策，它以调整产业结构为目标，通常采用减免税、预算性公共投资等财政手段以及低息贷款和利息补贴等金融手段来推动新兴产业发展和传统产业改造。当然产业政策也有其局限性。“一般来讲，实际的产业组织主要靠市场的竞争规律调节而形成，政府的产业政策只不过是起一个宏观的引导作用。在经济的转型时期，强调多一些产业政策是可以理解的，但是，在市场充分发育后，政府的产业政策对产业组织的直接影响就会减弱。”[②]

我们也提出了“知识行政”概念，认为知识行政是有效政府的基本特征，现代政府行政的效率主要取决于行政人员的知识和智慧。他们办事的主要依据，“是用知识经济的思维，用新的眼光、谋略、方法和技术手段来开展工作，进行宏观管理，指导微观活动，协调社会行动，开拓国际事务。因此，知识经济时代的政府行政，应当是个人的经验、能力

① 陈东琪：《新政府干预论》，首都经济贸易大学出版社，2000，第144—145页。

② 同上书，第145—146页。

和现代知识技能相结合条件下凭知识和智慧进行的选择，是‘知识行政’”[1]。

保证知识行政高效的基础，是政府的制度构造，尤其要“实行专业化和严明的职能分工，同时需要建立一个能进能出、进退自由的人才机制”，包括建立岗位—责任—利益对称机制、高薪养廉机制、等级提升机制，以及机会均等的公平竞争机制。实行按职能行事、按事设岗、按岗定人的公务员分工体制；建立公务员差别工资制，加快政府公务员实物收入货币化、工资化；建立奖勤罚懒制度，建立健全有差别、有分工、有奖惩、能进出的高效行政体制。“逐步让缺乏创新精神、宏观管理知识技能不足、缺乏综合智慧的人员从政府体系中分流出来，让那些具有创新精神、宏观管理知识技能比较丰富、富有智慧和谋略，当然，同时有很强的国家利益观念的人进入政府体系。这样，可以在整体上提高政府人员的素质，使其与现代知识经济发展的要求相适应。”[2]

在写作《新政府干预论》一书时，我打算在中国社会科学院研究生院组建政府政策系，设立政府经济学专业，通过招收政府经济学专业的研究生，培养政府经济理论和政策专家，以更好地推进政府体制改革，推动建立适应社会主义市场经济的有效政府模式。我向方克立院长报告了这个想法，他很赞同。但是，由于工作调动，我还没有来得及完成政府政策系的组建就离开了中国社会科学院研究生院，这一工作就只能留给接替我的邹东涛等同志去完成了。

① 陈东琪：《新政府干预论》，首都经济贸易大学出版社，2000，第212页。

② 同上书，第210—212页。

肆

为经济建设建言献策

一 从学术到政策

1998年11月至1999年3月，受国务院研究室桂世镛主任邀请，我在北京达园宾馆参加朱镕基总理所做政府工作报告的起草工作。去写文件之前，桂主任告诉我，国务院研究室宏观经济研究司苏宁司长已经升迁，问我是否愿意来主持工作，并要我在写文件时好好考虑考虑。写文件期间，中国宏观经济研究院（国家发展和改革委员会宏观经济研究院，简称宏观院）林兆木常务副院长受国家计委王春正副主任委托，邀请我到国家计委经济研究所担任所长。后来，我反复考虑，觉得自己不适合做行政官员，比较适合做政策研究，适合在政府机构里充当一个"非官的幕僚"的角色，因此我接受了到国家计委经济研究所工作的邀请。1999年9月，我接到国家计委人事司的调令，来到国家计委经济研究所工作，任所长。当时，林兆木常务副院长告诉我："从外单位到国家计委任职只能平调，你从中国社会科学院研究生院提调为国家计委经济研究所所长，副局升为正局，是委党组破例引进杰出人才的重大举措。"其实，我当时离开中国社会科学院研究生院去国家计委经济研究所，看重的不是它正局级的位子，而是它如雷贯耳的牌子，它的名气。

国家计委经济研究所成立于邓小平同志主持日常工作的1975年，有着辉煌的历史，许多知名学者，如于光远、薛暮桥、柳随年、桂世镛、王积业、王永治、刘福垣等，都曾担任过所长，我接替刘福垣担任所长。随着改革的深入，曾经号称“小国务院”的国家计委多次改名，不断“瘦身”，所属研究机构也随之更名，直到2003年，国家计委经济研究所的名称才固定下来。在此期间，所名不断变化，但我作为所长一直未变。2007年，我离开所长岗位到宏观院任副院长，2015—2016年任常务副院长。从1999年9月到2016年10月，我在国家计委经济研究所、宏观院承担“双肩挑”工作17年。其间，我一方面带领班子成员做好行政管理工作，为全所、全院同志服务，为委中心工作服务；另一方面做好专业研究，为国家改革发展事业献计献策。到2020年8月正式退休为止，我在政策研究机构工作了21年。

21年中，组织上多次推荐我以专家身份参加中央政治局的集体学习，讲解发展改革中有关重大问题并提出建议和意见。2005年4月15日，我和国务院发展研究中心刘世锦研究员参加了胡锦涛总书记主持的中央政治局第二十一次集体学习，讲解关于我国经济社会发展战略的若干重大问题。这次学习讲解主要是从专家角度，对“十一五”时期经济社会发展改革面临的国内外形势、重大战略、主要任务、基本路径和政策举措发表看法和建议。我十分珍惜这次难得的机会，将我多年来的研究心得和体会与国家发改委及相关部委的集体智慧和意见结合起来，向党中央、向胡锦涛总书记汇报。我们对发展改革形势的基本判断是：“十一五”时期，我国仍处于社会主义初级阶段，是实现全面建设小康社会的关键时期，既是矛盾凸显期，也是战略机遇期。对为什么要发展、为谁发展、谁来发展和怎样发展的基本看法是：坚持党中央提出的发展为了人民、发展依靠人民、发展成果由人民共享的根本导向，不断改善民生；把科学发展观贯穿于经济社会发展全过程，以人为本，做好城乡、区域、经济与社会、人与自然、国内发展和对外开放五个方面的统筹，促进和谐发展；集中精力发展生产力，处理好经济增长的速度与结构、质量、效益的关系，走新型工业化、城镇化和市场化道路；把增强自主创新能力作为科学技术发展的战略基点和调整产业结构、转变增长方式的中心环节，强化自主创新意识，发挥中国特色自主创新优势，优化自主创新路径，全面提高自主创新能力等。只要我们做到以上几点，就能够在"十一五"时期实现经济社会又好又快发展，推动全面建设小康社会取得巨大进展。两个月后，我还以国家发改委专家身份，参加了胡锦涛总书记主持的关于人民币汇率改革专家座谈会，我建议人民币汇率改革不要一步到位，而应走分步、渐进式改革道路，在改革中稳住外资和稳定外汇市场，借机提高人民币的国际地位和影响力。

2017年1月22日，组织上推荐我参加习近平总书记主持

➲ 2017年1月22日，陈东琪参加中央政治局第三十八次集体学习，讲解深入推进供给侧结构性改革

的中央政治局第三十八次集体学习，讲解深入推进供给侧结构性改革。我结合多年来对供求关系中的结构性失衡问题的研究成果，谈了深入系统学习习近平总书记关于供给侧结构性改革思想的四点体会和建议。第一点，我认为供给侧结构性改革既是适应我国经济发展新常态的必然要求，贯彻落实新发展理念的战略选择，也为全球走出发展困境提供了中国方案和范式。为了解决经济发展新阶段出现的供给侧结构性失衡问题，单纯的需求刺激政策和以总量平衡为目的的反周期政策难以奏效，应在适度扩大需求的同时，通过深入推进供给侧结构性改革来解决。供给侧结构性改革理论内涵深刻、内容丰富，不是西方供给经济学和结构主义的翻版，而是马克思主义中国化的重大理论创新。它将问题导向和目标导向结合起来，主攻方向是减少无效供给，增加有效供给，提高供给产品和服务、供给结构及供给体系的质量，最终目的是满足人民需要，根本途径是体制机制的改革创新。政策上，强调以稳健的宏观政策营造稳定的发展环境，以准确的产业政策定位结构升级优化的方向，以放活为核心的微观政策激发市场主体的活力，以务实的改革政策确保改革有实效，以托底的社会政策夯实改革基础。第二点，我认为2016年以“三去一降一补”[①]为抓手，开启供给侧结构性改革大幕，成效显著，但现实中的结构性矛盾和问题不可能一下子解决，建议做好打持久战的准备，用几年时间建立一个更高水平、更有效率、更加绿色、更可持续的新发展机制。第三

① “三去”是指去产能、去库存、去杠杆，“一降”是指降成本，“一补”是指补短板。

点，我建议供给侧结构性改革在深入推进中，要抓住四个重点难点：一是如何为改革创造稳定的宏观环境。二是如何最终形成有效市场运行机制。三是如何顺利实现新旧动能的转换。四是如何公平合理分摊改革成本。第四点，为了落实好中央对深入推进供给侧结构性改革的总体部署，建议抓好四项任务：一是深入推进“三去一降一补”。去过剩产能时，要做好“加法”，扩大和提高优质产能；去三线、四线城市房地产库存时，要防止“加杠杆”推动形成房价泡沫；降成本时，要降低能源和物流等方面的“硬成本”，更要降低制度性交易成本，创造公平的竞争环境；补短板时，要补交通和农村水利等方面的基础设施发展短板，更要补要素市场和产权保护等方面的制度短板。二是推进农业供给侧结构性改革，为加快农业现代化构建新的发展机制。三是针对实体与金融、房地产之间的严重失衡问题，建议坚定不移走市场化、国际化、创新发展之路，采取切实有效的措施，大幅度提高劳动生产率和全要素生产率，以提高发展质量和核心竞争力为中心，推动实体经济向价值链和产业链高端发展，全面振兴实体经济。四是加快重点领域改革，特别是加快建立健全适应发展社会主义市场经济所需的基础性制度，如要素市场、财税金融、国企产权、民企发展、科技教育、知识产权、社会信用等方面的体制机制创新，为市场在资源配置中起决定性作用提供更好的制度供给。

21年中，组织上还多次派我参加国务院领导主持召开的专家座谈会，让我有机会直接向总理提出我的个人看法和建议。2002年6月，在朱镕基总理主持的经济学家座谈会上，我发言拥护中央确定的积极财政政策，在具体措施安排上，我建议既要扩大能源、交通、电力、农村水利、城镇化等基础设施投资，在总需求中提升公共投资需求所占比重，又要实行结构性调节税政策，采取力度更大的减税措施，减少企业和工薪阶层负担，包括提高个人所得税起征点以扩大消费需求，提高高收入课税率以优化税收结构和收入分配，促进经济回升和持续增长。2003年6月，在温家宝总理主持的经济专家座谈会上，为了抗击非典，稳定经济形势，我发言拥护“出手要快、出拳要重、措施要准、工作要实”的应对之策，同时建议加大包括调整农业税在内的结构性减税政策力度，放活民间资本和民营经济，促进实体经济发展。后来几年，我多次被邀请参加温家宝总理主持召开的经济专家座谈会，就稳增长、调结构、防风险等重要问题，以及宏观政策取向和重大调控举措贡献我的研究心得和对策建议。

21年中，我经常参加研究发展改革工作的务虚会议，就提出中长期发展战略、编制五年规划、确定政策思路、分析重大问题等发展改革务虚工作，从专业角度提出看法和建议。每次参会前，我都认真准备，有时要进行大量的调查研究，或者在院、所内召开专题会议，收集信息，集中智慧，力争在会议上做出高质量的发言。参会中，我坚持国家利益至上，从实际出发，畅所欲言，提出富有思想性、对决策有用、实践中可行的看法和意见，为国家宏观决策科学性提供智力支撑，以促进经济社会持续高效发展。在我看来，无论是直接决策者还是思想贡献者，只要我们每一个人调查研究深入一点，思考问题仔细一点，发表的看法和意见有针对性一点，就可以提高决策的科学性，提高政策措施的质量。科学发展观既要落实在下面，扎根于基层，又要体现在上面，贯彻于顶层。

21年中，我主持了大量中长期战略和宏观政策课题研究，为党和国家的宏观决策服务。一是按照观大势、谋大局、出大策的要求，就我国经济发展模式转换、从进口替代转向出口导向、加入世界贸易组织、建立全国统一市场、全面建设小康社会、科学发展观、建设和谐社会、建设社会主义新农村、要素市场和产权制度、政府职能转变与宏观调控、财税体制改革政府新旧动能转换、供给侧结构性改革和其他中长期战略问题进行支撑性研究，向中央、国务院有关研究机构提供基础性研究成果。二是研究“十五”到“十三五”时期经济社会发展改革的总体设想，做出形势判断，提出指导思想、目标、任务、路径、指标体系和重大举措等，为五年规划编制部门提出可供选择的思路和方案。三是研究短期经济形势和政策取向，在跟踪季度、半年、全年经济形势的基础上，及时做出趋势性判断，指出要着力解决的突出问题，提出应对之策，供国家发改委宏观调控时参考。同时，还与美国哈佛大学、哥伦比亚大学，韩国对外经济政策研究院等院校和机构进行国际合作课题研究，与一些地方政府合作，研究提出地方经济社会发展改革思路。所有这些方面的研究成果，有一小部分以专著形式公开出版，主要包括：《宏观经济形势与政策报告》（2014年、2015年、2016年）、《打破地方市场分割》（2002年）、《繁荣与紧缩——中国2003—2007年的宏观调控》（2009年）、《新一轮财政税收体制改革思路》（2009年）、《我国中长期经济发展重大变化研究》（2013年）、《消费引领供给创新——“十三五”经济持续稳定增长的动力》（2016年）、《“十三五”时期经济社会发展总体思路研究》（2017年）、《通向新增长之路　供给侧结构性改革论纲》（2017年）。其中，《通向新增长之路　供给侧结构性改革论纲》中的《“十五”计划时期中国经济和社会发展的若干重大问题研究》（参加）获2000年度国家计委科学技术进步奖，《“十三五”时期经济社会发展总体思路研究》（主持）获2015年度国家发改委优秀成果一等奖。

二　寻找避免大萧条之路

在我的科研生涯中，无论是学术研究还是政策研究，经济周期一直没有离开我的视线，国家经济发展的状态、路径、风险一直是我关注的重点。在我看来，大国经济的发展，既要努力实现高效增长，也要注意安全，防控风险。如同跑步比赛一样，为达目的，要尽可能跑快一点，但不能跌倒。跌倒了，误时，误事，代价很大，别人趁你跌倒时跑到前面去了。大国经济持续发展，不可能没有小周期、小波动，但要尽量防控大衰退，避免大萧条。

20世纪80年代中期，我在研究东欧经济学时就提出，周期波动不是资本主义经济的独有现象，社会主义经济也存在周期波动。“现代经济，无论是市场经济还是计划经济，不可能保证无波动地增长。”“即使是那些计划控制力量相当强大而市场只具有模拟特征的社会主义国家，不但没有消除波动和周期现象，反而周期的波动很大，周期曲线的上升和下降是非常陡峭的。这就是说，现实的计划经济并没有能保证国民经济无波动地发展。‘长期稳定’只不过是人们的善良愿望和对美好的追求，而并未变成生动的现实。计划并不等于消除周期波动。”[①]20世纪90年代初，我进一步转向研究强波、长波的形成原因和机理，寻找促使强波收敛的途径。我在1992年出版的《强波经济论》中指出，计划程度与波动幅度存在高度相关性，计划程度越高，周期波动幅度越大，而计划程度逐步下降、市场化程度逐步提高，强波就会向常规波动收敛。这是因为，计划经济缺乏持久性激励机制，微观效率很低，动态变化表现为低效增长的循环，每一次政府力量推动的大干快上，都会因短缺加剧和高通货膨胀而很快转为快速下滑。然而，随着体制改革降低计划程度、提高市场化程度，持久性激励机制逐步建立，微观效率逐渐提高，低效增长模式逐渐转化为有效增长模式，经济上行时面临的短缺强度和通货膨胀压力逐渐缩减，周期波动就会逐渐收敛。因此，制度创新式改革，既可以提高经济增长的有效性，又可以消除强波。邓小平同志发表南方谈话后的改革发展实践证明，这个预判性结论是正确的。

进入21世纪后，我更关注的问题是：中国是否将出现经济危机，或者出现一次大萧条？1978年以来的有繁荣、无危

① 陈东琪：《探索与创新：东欧经济学概论》，陕西人民出版社，1988，第328—329页。

机的增长趋势是否会改变？2004年11月22日，有一位叫克拉斯穆尔·佩佐夫的美国教授，在读完默里·罗斯巴德的《美国大萧条》之后预言："一个崛起的经济巨人——中国，将不可避免地陷入一次大萧条，如同美国在20世纪30年代所经历的。"[①]中国将出现大萧条？这个预言和美籍华人章家敦在2001年出版的《中国即将崩溃》中的预言一样惊人，如果成为现实，我想："我们有几代人，中国，乃至世界，将要承受多么刻骨铭心的痛苦！"[②]那么，中国大萧条将在什么时候发生？我迫不及待地读后面的文章。佩佐夫说，"将会在2008—2009年间某个时刻发生……基于我的奥运会时间点，我将崩溃定在2009年"，当然，"崩溃可能更早或更晚发生"。那么，佩佐夫预言的依据是什么？进一步往下看，我才知道，佩佐夫是奥地利学派第三代传人，出生于保加利亚，在美国亚拉巴马州奥地利经济学米塞斯研究院任职。我没有读过佩佐夫的论著，但我在大约20年前研究过米塞斯和哈耶克创立的奥地利经济学，写过专文，在《探索与创新：东欧经济学概论》第二章第二节"20—30年代的论战"中做过系统介绍。我知道，奥地利学派的商业周期理论学理性很强，在业界有很高权威，对自由市场经济周期趋势的预测很准。其创始人米塞斯和哈耶克以自由主义商业周期理论作为

① 陈东琪等：《双稳健政策——中国避免大萧条之路》，人民出版社，2005，《前言》第3页。该书是"双稳健政策"课题的研究成果，课题负责人为陈东琪，课题组成员为杨宜勇、吴晓华、石康、宋立、王小广、王学庆、王岳平、刘立峰、叶辅靖、樊彩耀、刘泉红、陈长缨、王元、曾智泽、王云平、罗荣。

② 同上书，第2页。

依据，准确预测了1929—1933年世界大萧条。问题是，80多年后，奥地利学派第三代传人佩佐夫再用这个理论依据来预测中国经济，并明确说中国将出现大萧条，就不一定准了，因为中国经济并不完全按这个理论来运行和发展。2004年12月，在《双稳健政策——中国避免大萧条之路》的前言中，我对佩佐夫预言的预言是："2008年前后，中国有能力避免一次大萧条。"①

其一，中国与美国相比，表象相似，但历史前提变了。从发展道路看，中国崛起走的是和平道路，依靠的是和平发展，而不是战争。这与当时的美国是不同的。与战争崛起不同，和平崛起的路途更远，时间会更长。中国在这条路上还只是起步。从发展水平看，美国GDP总量在1895年左右就已经跃居世界第一，美国占世界比重在1900年左右就达到了50%，而中国2004年才4%左右，这种发展差距，既能提供快速发展的空间，也能为抵御大萧条提供强大动力，因为巨大的潜在需求会带动一个充满持久活力的市场。从发展形势看，今天的全球市场经济，已经不是80多年以前那样的自由放任市场经济，政府在管控危机中发挥重要作用，美国、日本、欧盟是这样，中国当然更是这样。

其二，政府有能力避免大萧条。历史表明，佩佐夫所讲的"萧条是无法避免的，政府没有办法避免危机""政府将会把萧条变成大萧条"，并不符合二战后各国政府干预经济使得大危机减少的事实，而中国政府的干预力度比美欧

① 陈东琪等：《双稳健政策——中国避免大萧条之路》，人民出版社，2005，第13页。

更大，这正是避免萧条的一个十分重要的力量。这个力量，为避免陷入1997年亚洲金融危机做出了贡献，同样，也应当会为2008年避免萧条做出贡献。所以，政府干预在奥地利学派等自由主义经济学理论中是不必要的，但在现实中，使用得当，是有用的、不能放弃的。

其三，市场自由放任，出现大萧条倒真有可能。我当时认为，“如果中国在2008年前后按照佩佐夫的建议，政府不干预经济，或者政府对过度繁荣束手无策，没有办法……如果我们在推进市场化时放弃了政府作用……如果走市场原教旨主义的路，或者像亚洲金融危机时泰国、印度尼西亚那样听从国际货币基金组织的‘自由化’指令……如果回到奥地利学派主张的市场自由放任”，中国倒真有可能在2008年前后陷入萧条。因此我建议，在2008年前出现过度繁荣和2008年后出现过度衰退时，都不能对市场自由放任，政府应有所作为，及时纠正市场偏差。

其四，政府在防控经济过热和衰退时，应当适时适度，做好预调微调。我将《强波经济论》《微调论：走出短缺后的中国经济与政府政策》《新政府干预论》中提出的微调学说和新干预理论应用到努力避免2008年大萧条的对策建议中。我设想：“今后政府的宏观调控，如果注意适时适度，就可以促进经济平稳增长，减少波动，既防止过度繁荣，又避免经济危机和萧条，当然也可以避免佩佐夫所讲的‘2008年中国大萧条’，过好这个坎。”

其五，在政策取向和措施操作上，财政货币双稳健政策可以为避免大萧条做出贡献。这是因为双稳健政策可以稳定货币发行，防止投资信贷膨胀，控制非理性繁荣过度而引发的经济危机。关于双稳健政策，国家发展改革委经济研究所和交通运输部规划研究院在2003年11月提交给交通运输部的课题报告《国家宏观经济、政策走势对交通运输发展的影响研究》[①]中就已经提出。当时的设想是，1993—1997年财政货币政策适度从紧，实际上是“双松”，目的是控制高通货膨胀和高额财政赤字，使经济从过热转向正常。1998—2002年财政政策积极而货币政策稳健，实际上是“一松一紧”，目的是在稳定货币供应量条件下，扩大公共开支，增加公共投资，促使经济走出低迷。2003年上半年抗击非典之后，投资、物价和GDP增长加快，为了稳定经济，我们建议财政政策从积极转向稳健，与稳健货币政策组合为双稳健政策。在2003年温家宝总理主持的经济专家座谈会上，我再次提出了双稳健政策建议。2004—2006年，中央文件明确实行稳健的财政货币政策。2004年12月20日，我在《双稳健政策——中国避免大萧条之路》的前言中关于“用双稳健政策来避免大萧条”的想法，是在2003年给交通部的课题报告和向朱镕基总理提的建议的基础上形成的。按照双稳健主张，政策措施操作更倾向于稳健、中性一些，尽可能不走全面紧缩和全面扩张的道路，在“双紧”和“双松”间寻找灵活多样的政策组合，体现双稳健精神。调控效果着力于避免大起大落，减

① 该报告为国家发展改革委经济研究所、交通运输部规划研究院合作课题“国家宏观经济、政策走势对交通运输发展的影响研究”的研究成果。课题组组长为陈东琪、戴东昌，课题协调人为王小广、樊彩跃，课题组成员为宋立、肖春阳、孙学工、刘国艳、刘泉红、马俊、徐力、魏雪莲。

少经济波动，在结构、质量和效益改善的基础上，努力突破“七上八下”增长区间，在高平台上实现稳中求进[①]。

回过头来看，2008—2009年的确发生了由美国次贷危机引起的国际金融危机，受其影响，中国经济增长从2007年二季度的15%降到2009年二季度的6.1%。但是，2009年下半年经济回升，全年GDP增速达9.4%，这充其量只能算是增长型衰退，不是萧条，更不是1929—1933年美国经济连续几年负增长那样的大萧条。实践证明，佩佐夫的中国大萧条预言并没有成为现实。这一方面是因为，在美国次贷危机期间，中国对内实施四万亿扩张需求计划，对外购买美国国债，向房地美、房利美投资，向欧美等国实施超低利率和量化宽松政策等政府干预措施，控制了衰退加剧，避免了大萧条；另一方面是因为，在周期繁荣顶部（2007年）到达前，中国连续3年（2004—2006年）实施双稳健政策，以预调微调方式抑制经济过热，缓解高通货膨胀压力，也产生了重要的事前调控效果。

三 追求高质量发展

自1983年发表第一篇文章《从什么角度看生产劳动与非

① 陈东琪等：《双稳健政策——中国避免大萧条之路》，人民出版社，2005，第254页。

生产劳动的划分》[①]开始，我就想，经济学本质上是追求质量和效率，寻找能够实现投入最小化、产出最大化的体制模式和途径。经济学与其说是研究稀缺性，不如说是在稀缺性条件下研究应对稀缺性的最优解决方案，这里的“最优”就是用最少消耗获取最大收益。追求发展的质量和效率，一直是我研究经济理论和政策的核心。

在研究土地要素时，我主张从土地产权制度改革入手，通过实行土地股份合作制，激励农民持续增加对改善土壤的投入，促进土地规模化经营，提高土地质量和效率。我在1989年出版的《新土地所有制》一书中，开宗明义地指出：“我们时代的最大错误之一，就是以为自然资源可以取之不尽，用之不竭。我们从我们所处的自然界攫取太多，补偿太少……忽视了自然资源特别是土地资源的有限性，不注意耕地数量的增长和质量的提高，结果，耕地承担的压力越来越大……如果不加紧采取措施，到2000年人均耕地可能降到1.1亩以下……照这样的速度下去，我们将在不久的将来面临严重的耕地危机。”[②]我进一步指出：我们潜伏着的耕地危机，既表现在耕地数量减少，又表现在耕地质量下降，耕地肥力递减[③]。如果不加大土地投入尤其是养地肥的投入，我国在若干年后将会因地力恶劣而发生土地质量危机。这一点应引起政府的足够重视。由于微观方面和宏观方面对农业

① 陈东琪、黄铁苗：《从什么角度看生产劳动与非生产劳动的划分》，《湘潭大学社会科学学报》1983年第3期。

② 陈东琪：《新土地所有制》，重庆出版社，1989，第1页。

③ 同上书，第3页。

的投资大幅度减少，我们的耕地质量下降。目前大量耕地碱化，过去的肥地变成了今天的劣地；水田变成了旱土；总耕地量中劣等地占的比重越来越大。结果造成土地生产率迅速下降，平均收获量减少[①]。既要从纵向看到农业实行联产承包责任制后，农民劳动生产率提高了，同一个农民的产量增加了，又要从横向看到我们的土地生产率是很低的。以1987年为例，我国“农业劳动力要110人才相当于美国农业劳动力1人，劳动收获率前者不足后者1%”，而“大陆的农业劳动生产率只有台湾的农业劳动生产率的1/8”[②]。原因在哪里？根据我当时的分析，根本原因是现行土地产权制度存在缺陷。一方面，土地经营原子化、分散化，没有规模效益；另一方面，承包者没有产权利益激励，没有长远考虑，不愿对提高土地肥力进行投入，而是掠夺性地用地，农村出现耕地无偿瓜分大战。怎么办呢？在我看来，开发新耕地和提高土地垦殖指数的潜力不是很大，扩大有效总播种面积和提高复种指数的速度不能太快，长期来看最好的办法是：持续增加耕地单位投入，提高土地肥力和质量。那么，途径是什么？我提出：“土地管理上的短期行政调控不能解决长期问题，行政管制不可能为土地经营创造出内部平衡和动力机制。解决的有效途径只能是深化土地制度改革。”[③]我在1989年提出农村土地股份合作制构想，其思想动因就是追求提高土地质量，是希望建立一个能够激励农民不断改良土

① 陈东琪：《新土地所有制》，重庆出版社，1989，第5—6页。

② 同上书，第47页。

③ 同上书，第9页。

壤、国家避免耕地危机的新机制。

在研究劳动力要素时，我主张从劳动就业机制和教育体制改革入手，建立竞争性劳动力市场，促进人力资源转化为人力资本，以提高劳动力质量来提高劳动生产率。20世纪90年代是一个劳动力过剩时代，人们普遍担心推行就业市场化、失业公开化会造成严重的失业，而我和“中国劳动力市场与工资改革”课题组研究人员认为，劳动力总量上过剩“并不意味着工作岗位普遍短缺，实际上许多行业尤其是那些现代化水平比较高、要求更高劳动熟练程度和技能的行业缺乏人才”，不仅高等教育人群太小，而且拥有中等教育学历的实用性专业化人才不足，这种落后的人力资本状况势必难以满足高技能要求的职业需要，出现结构性劳动供求矛盾：低技能劳动力过剩，高技能劳动力不足。为了解决这种结构性劳动力供求矛盾，我们建议要做长期选择。一方面，通过改革劳动就业机制来培养劳动力市场，促进就业市场化、失业公开化，由市场来配置劳动力资源，提高劳动效率；另一方面，通过改革教育体制来提高教育质量和劳动者受教育程度，既在强化基础教育的同时让高等教育有一个更大的发展，又对曾经接受过初中、高中和中等专业教育但又很难适应新工作的人，“制定一项庞大的职业培训计划，并在全社会范围内创造一个强化非正规教育的气氛，为提高劳动者的再就业能力提供一个良好的环境”，通过增加职业培训，提高他们的受教育水平及劳动技能。我们当时认为，“随着分工、市场经济和现代文明的发展，中国迫切需要进行一场以提高劳动力质量为基本内容的劳动革命”[①]。

在研究供求关系时，我主张既要重视供求之间的数量关系，也要重视有效供给与有效需求匹配的结构，建立优化资源配置新机制，以提高要素效率来实现有效增长。在1990年刘国光主编的《体制变革中的经济稳定增长》中，我和郭晋刚比较早地系统提出了有效供给理论，为增加有效供给、调控有效需求双管齐下的宏观政策提供理论依据。我们认为，从使用价值形态看，有效供给概念首先要求产品的效用符合正常标准值，一件对消费者没有效用的产品不形成有效供给。因质量问题而滞存于仓库中的洗衣机，在未修理好前永远是一堆废品，不构成有效供给。从价值形态看，如果计算重复并且交易费用增长快于生产的增长，那么其中就有一部分产值不形成有效供给。问题的关键是如何准确估计库存。我们将库存分为有效库存和无效库存两种，强调“无效库存反映了体制因素导致的无效产出，它不能形成有效供给，因而也不具备调节作用。有效库存在周期性变动中所处的不同阶段和具有的不同职能可以分为两类：一类是生产过程中的存货，其与生产的变化有着密切相关的趋势，产出水平越高，所需存货越多；一类是制成待售的产品，是为适应需求变化而保有的缓冲存量。对于有效库存来说，它实际上属于未动用有效供给，库存水平高低表示动用供给量的大小，它并不表示形成有效供给，而只是表示未实现有效供给。遇到激烈的需求冲击时，这部分有效供给会很快实现”。可见，

① 戴园晨、陈东琪主笔《劳动过剩经济的就业与收入》，上海远东出版社，1996，第114页、第121—123页。

我们定义的有效供给，其要旨在于有效，在于经济系统不断地提供一个这样的供给数量，这个供给数量是消费者愿意接受的。因此，只有符合消费者意愿，与有效需求匹配的供给，才是有效供给。在有效需求为一定的条件下，无效供给越多，有效供给不足的程度就越高。所以，“短缺不仅是一个需求现象，而且是一个供给现象；不仅产生于需求增长过度，而且产生于有效供给不足”[①]。那么，为何会产生有效供给不足呢？我们认为，症结在于低效增长。有效供给不足的形成原因主要是在生产率上，是在各自投入要素的配置和利用效率以及社会产品最终的使用效率上。由于投入要素和社会产品的配置和利用的效率很低，统计形式上的名义高速增长成为实际上的低效增长。这是理解中国经济有增长而无发展（或发展和增长不对称）的一把钥匙，是分析中国有效供给不足问题的一条主线，亦是中国经济一直未能跳出落后循环圈问题的症结[②]。我们将低效增长概括为四个主要表现：全社会劳动生产率增长水平不平衡而且非工业劳动生产率增长水平极低；资本生产率增长水平低，尤其是工业生产率增长水平低；全要素生产率增长水平低；社会产品最终使用率低[③]。那么，是什么造成低效增长？是体制机制。“一个限制、排斥市场的作用，依靠自上而下高度集中的指令性

① 陈东琪、郭晋刚：《有效供给不足与低效增长》，载刘国光主编《体制变革中的经济稳定增长》，中国计划出版社，1990，第37—40页。

② 同上书，第47页。

③ 陈东琪：《经济增长与劳动生产率——探寻改革三十年经济高速增长的原因》，载吴敬琏、樊纲、刘鹤、林毅夫、易纲、许善达、吴晓灵主编《中国经济50人看三十年——回顾与分析》，中国经济出版社，2008，第43—62页。

计划来管理和控制国民经济运行和发展的体制……是不可能有效率的”，因为“工业净产值的增长全部是依靠粗放投入来推动的。因此，在传统体制下有效供给经常处于普遍不足的状态也就不足为奇了”[①]。解决有效供给不足的钥匙还在于把增长速度的提高建立在经济效益全面提高的基础之上。然而，迄今为止新体制在优化资源配置、提高规模效益、推动技术进步等方面的作用还远远没有发挥出来[②]。

在研究周期波动时，我提出体制效率概念和效率周期假说，揭示体制效率的变化会影响经济扩张和收缩，高效体制会促使波动收敛，以提高质量和效率为目的的改革也会提高经济增长的稳定性。我在1992年出版的《强波经济论》中指出，全面的数量型扩张既会碰到要素数量型供给的限制，也会碰到要素质量不高的约束，“如果加速扩张的投资只能继续与素质低下的劳动力相结合，不但单位投资的收益不可能提高，而且会相互强化对方的粗放型投入，生产和投资难以从外延型发展阶段转向内涵型发展阶段，经济的扩张单纯成为数量型扩张，周期过程就会表现为低效的单纯数量运动，而这种单纯的数量运动往往表现出更多的不稳定性。结果是：数量运动、低效和不稳定性三者相互强化，不断再生和加剧”[③]。相反，如果建立一个创新驱动效率的体制，经济增长的稳定性就会提高，强波转化为常规波动，结果是：创

① 陈东琪、郭晋刚：《有效供给不足与低效增长》，载刘国光主编《体制变革中的经济稳定增长》，中国计划出版社，1990，第55页。

② 同上书，第63页。

③ 陈东琪：《强波经济论》，中国人民大学出版社，1992，第148页。

新驱动、高效、稳定三者之间形成良性循环。因此，改革的任务是双重的：提高效率，避免强波。这就必须建立一个使效率和波动同时转入正常轨道的制度[①]。

在研究战略规划时，特别是在研究“十三五”发展思路时，我主张从要素驱动型数量增长转向全面提升发展质量，强化质量导向和创新驱动，实现国家现代化。2014年1～8月，我主持了宏观院重大课题“‘十三五’时期经济社会发展总体思路研究”，这是为国家发改委编制“十三五”规划做的一项支撑性研究，该课题研究成果获2015年度国家发改委优秀成果一等奖。在设计课题计划时，我设想提出一个指导未来5年及以后相当长时期的战略思路，这个思路不是就5年谈5年，而是要彻底摆脱传统的数量型规划思路的影响。它是什么呢？经过全院研究所科研骨干反复讨论，确定了以全面提升发展质量为中心的新思路。在这个思路中，“全面”“发展质量”“中心”三个词是集成的、有机统一的，不是单一的、分开的。自1978年改革以来，经济学界就一直不停地讨论质量、增长质量以及速度和质量、速度和效益之间的关系问题，2014年以前的很多中央文件都强调过要提高质量和效益，强调过要又快又好地发展或又好又快地发展，强调过要提质增效，但理论和实践都没有从根本上解决发展模式的整体转换问题。如果将“全面”“发展质量”“中心”这三个词合起来说，可以全面、准确地体现科学发展观的基本精神，引导全社会发展思维实现从量变到质

① 陈东琪：《强波经济论》，中国人民大学出版社，1992，第153页。

变的转换。我们讲的“发展质量”：简单说，包括生产、生活、生态三个基本方面的质量；具体说，既包括经济增长质量、产品和服务质量，也包括人口、劳动力、土地、资本、技术等要素质量，以及经济结构优化和协调水平、人民物质生活质量，还包括教科文卫体质量、生态环境质量、公共安全和社会稳定、经济社会体制质量等。因此，我们讲的“发展质量”的内涵，是宽口径的而不是窄口径的，是全面的而不是局部、单项的。所谓“以全面提升发展质量为中心”，就是要求经济社会发展的方方面面都不能离开不断提高发展质量。我们设想，未来30年，特别是“十三五”时期，要推进实现城乡、产业、科技、国防和国家治理现代化的目标，就必须按照发展的有效性、协调性、包容性、持续性、创新性要求，以全面提升发展质量为灵魂，强化质量导向，以提升质量作为发展核心，作为一切工作的中心①。为此，我们设置了5大类、36个发展质量指标，其中包括全员劳动生产率、主要能源资源产出率、文化产业增加值占GDP比重、居民文教娱乐服务支出占家庭消费支出比重、户籍人口城镇化率、义务教育年限、信息化指数、R&D（研究与试验发展）支出占GDP比重、每万人口发明专利拥有量、城市可吸入颗粒物浓度、新农合实际补偿率、城乡人均低保支出水平提高幅度、人均预期寿命（岁）等20个新指标。为了实现这些发展目标，我们根据“十二五”发展成果及“十三五”面临的发展环境和条件，明确了全面提升发展质量的动力和路径，

① 陈东琪主编《“十三五”时期经济社会发展总体思路研究》，人民出版社，2017，第12页。

强调创新驱动发展，以制度改革推动技术创新，提高国家的核心竞争力，最终提高国家发展的总体质量[①]。

我们在2014年1～8月提出的全面提升发展质量的成果由于是内部研究报告，直到2017年9月才由人民出版社正式出版[②]。

① 陈东琪主编《“十三五”时期经济社会发展总体思路研究》，人民出版社，2017，第1—3页、第11—13页、第19—23页、第61—66页。

② 同上书，第13页、第66页、第114—141页。

伍

坚守人生梦想

一 精神的力量

人的一生，有成功，也有失败，有潮起，也有潮落。面对成败和起落，要有正确的心态和认知，要有不断追求的志向和理想，要有不怕困难、不惧失败的向上精神。科学研究工作也是这样。有时你会感到满足、开心；有时你会觉得单调、枯燥；有时你会感到精力充沛，信心满满；有时你会觉得困难重重，情绪低落。面对这些起伏变化，你要做的是坚守，是不屈不挠地奋斗，是始终不渝地攀登。诚如马克思所说，在科学上，没有平坦的大道可走，只有在崎岖小路上不畏劳苦、不断攀登的人，才有希望到达光辉的顶点。你要做一个能在崎岖小路上不畏劳苦、不断攀登的人，就得有持之以恒的努力和强大的精神动力，不因上升而骄傲，不因跌落而气馁，盯着目标，一步一个脚印地前进。

无论是在两所（中国社会科学院经济研究所、国家发展改革委经济研究所），还是在两院（中国社会科学院研究生院、中国宏观经济研究院），我把我的精力和时间都用在找资料、写文章上。在中国社会科学院经济研究所时，国家规定一周工作6天，而所里的一般研究人员一周只有周一、周四两个半天上班，到单位上班的时间少，在家自由研究的时间多。上班后，主要是参加研究室会议，领工资，查阅信件，看看报纸，偶尔参加所里的学术会议，或者和大家在一起聊聊天。我一般很少聊天，更多时间是到所里地下室的图书馆查阅资料。我记得，刘国贤老师是图书馆负责人，她每次见了我都说："东琪，你又来啦，签个名吧。"有一次，她对我说："这个签名簿上，你的签名最多啊。"我回答说："在这个楼里，可能是我的知识最薄吧。多签几次，看能不能把知识签厚一点啊。"我的《探索与创新：东欧经济学概论》《新土地所有制》《强波经济论》等，所参考的大量文献资料，都来源于这个图书馆，都是在这里摘记下上万张卡片后得到的。这个图书馆，是我产生思想灵感的源泉。在这里，我能够写出大量文章和专著，主要是因为具有持之以恒的精神，并把时间和精力都用在图书馆中，用在感受作者们的思想上。

我崇尚科学精神，崇拜创新思想。20世纪80年代，中国社会科学院经济研究所站在改革前沿，影响全国发展改革思想和战略方向。当时，所里对外有两本重头刊物，《经济研究》和《经济学动态》，几乎每个月都有重头文章，都有学术座谈、笔谈和动态介绍，而政治经济学研究室、宏观经济学研究室和新成立的微观经济学研究室最活跃，以改革为论题的会最多，从英美及东欧请来讲学的专家很多，学术气氛浓厚。

1988年6月，陈东琪陪同弗里德曼教授游览长城

布鲁斯、科尔奈、弗里德曼等教授，都在这个时期来过所里讲学。

中国社会科学院经济研究所的楼不高，会议室也不大，但对当时国家的改革取向影响很大，对中央高层决策的影响很直接。20世纪80年代是中国社会科学院经济研究所学术发展的鼎盛时期。这个时期，无论是老专家还是青年学者，都胸怀天下，踌躇满志，为党和国家的改革发展事业出谋划策，为市场化改革无私奉献思想和智慧。作为亲历者，回顾这段历史，我内心自然而然生出一种感怀之情，生出一种铭心刻骨的学术记忆。今天，改革之树已经开花结果，开放之井已经泉水喷涌，但忘不了辛辛苦苦的植树者，忘不了寻寻觅觅的挖井人。如果没有孙冶方、顾准等创始学者倡导价值规律是个大学校，没有杨坚白最早提出社会主义有计划商品经济概念，没有董辅礽最早呼吁国有制改革，没有刘国光、孙尚清、吴敬琏、张卓元、乌家培、赵人伟、戴园晨、冒天启和一批青年学者为市场化改革不断呐喊，没有这些不断奉献的改革精神，怎么可能冲破束缚了几代人的传统计划经济的观念，进而创造出社会主义市场经济学这个世界经济思想史上最大的理论体系呢？我欣赏和钦佩改革思想家，是因为提出引领国家走进市场经济新纪元的改革思想、破除旧的传统观念、勇立理论新潮头，需要承受巨大的心理压力，需要有超凡的精神力量。贫困的国家要走出贫困，就必须有改变贫困的创新思想，因为只有创新思想才能指导国家走向正确的方向。

基于对创新思想和科学精神的崇敬，20世纪末我就决定写一本描述近百年中国经济学发展史的书，以讴歌经济思想家们如何百折不挠地推进中国的改革和发展。我调到研究生院工作后，虽然在空间上离开了中国社会科学院经济研究所，但在工作上、学术上继续与经济所保持紧密联系。这不仅是因为在教学上研究生院经济系依托经济所，我作为分管学位和教学工作的副院长，会经常和各系包括经济系的导师商量招生和教学工作；而且还因为我组织包括经济所在内的权威专家，编写《中国经济学史纲：1900—2000》一书。这些专家既包括卫兴华、张卓元、戴园晨、尹世杰、田江海、刘溶沧、陈家勤、库桂生等老同志，也包括陈享光、谢勇、刘学敏、张亚斌、陈黎琴、邹燕、吕之望、刘立峰、阎坤、史红燕、郭克莎、吕铁、周维富、朱留材、陈洲球等青年学者。经过6年多的努力，终于完成了这本书的编写工作，2004年由中国青年出版社出版。我在该书前言中写道："1978年以后的四分之一世纪，中国不仅迎来了有十三亿人口的中国大陆的经济复兴，而且也迎来了经济学复兴，这是一个值得后人永远肯定和纪念的'中国大陆思想复兴'。这个思想复兴是21世纪中国的全面物质文明复兴的前提和基础。"[①]编写这本书，使我进一步深切感受到，国家的复兴，特别是大国的复兴，不仅需要伟大的企业家和技术家，更需要富有创新精神的伟大的思想家，他们是使国家复兴和繁荣最强大且可持续的力量。

中国社会科学院经济研究所和国家计委经济研究所都

① 陈东琪主编《中国经济学史纲：1900—2000》，中国青年出版社，2004，《前言》第3页。

是老所，它们在聚集全国各地精英的同时，也产生了一些复杂矛盾和分歧，有的表现在人事关系上，有的表现在学术观点上。其间，有人说我的《探索与创新：东欧经济学概论》和《新土地所有制》宣扬“资产阶级自由化思想”。对此，我没有做出回应，我想，还是让历史来说话，让实践来证明吧。对于我来说，最宝贵的是时间，是不断地学习先哲们的思想，是不断地思考：中国如何才能摆脱周期律，如何才能使中国历史从周期循环变为创新和向上发展。作为后学，我很赞同孙冶方、薛暮桥倡导的自由创新、求同存异，也目睹了老一辈在行动中贯彻这种精神。一个老单位，人与人之间有点矛盾，思想认识上有点差异，是必然的、正常的，大千世界里，没有任何两条小溪同流，没有任何两片树叶同纹，怎么能要求有丰富情感的人们的思想完全同一呢？作为科研工作者，我们要共同坚守的是良知、责任，是说真话、实话，说心里话，是始终恪守求真务实的精神，只有这样，才能提出对党和国家有用的独到见解，才能无愧于时代赋予思想工作者的伟大使命。

岁月销蚀人的身体，但蚀不去精神思想在人心中留下的记忆。在我的记忆中，精神思想的照耀多彩灿烂。它们既来自伟大，也来自平凡；既来自书本，也来自身边。从书本，我学到了先哲的伟大智慧，因此明确了思想的方向；从身边，我获得了来自父母的疼爱、师友的教诲、姐妹的帮助、妻女的关怀，因此获得了精神的力量。在我和妻子出国时、在我妻子患病时，妹妹美莲和妹夫建立放弃自己的工作，带着不到半岁的强强，从老家湘潭来北京照顾我们的孩子，照顾年迈的母亲，这种看起来平凡的无私奉献，既让我能专心研读、集中精力搞研究，也给了我巨大的精神鼓舞。

1984年，陈东琪和母亲、妻子、女儿在一起

在我的科研生涯中，妻子张秀英一直陪伴我、帮助我、激励我，为我的学术成就做出了巨大贡献。我和妻子1982年7月相识，次年1月成家，12月女儿宁宁出生。我母亲来照顾宁宁后，一家四口住在一间窄小的平房，位于北京宣武区报国寺1号，为原粮食部的职工宿舍。厨房在楼梯下的一个小隔挡内，厕所是公共的。由于住房窄小，我写文章时只能以床当桌子，以水泥地当凳子，妻子怕我着凉，每年都亲手给我编织毛线坐垫和厚袜子。为了让我有更多时间和精力搞研究，她几乎承担了全部家务。作为北京师范大学物理系的优秀生，她做事心很细，讲究逻辑顺序，善于将繁杂的东西分类处理。利用这个优势，她帮我收集资料、整理卡片、计算数据、绘制图表、抄写和校对文稿，给我的论著提修改意见，日复一日，年复一年，从不间断。我得病、受伤住院，她昼夜陪护我，从无怨言。我得知《探索与创新：东欧经济学概论》和《新土地所有制》被人指为宣扬“资产阶级自由化思想”时感到很委屈，一度情绪低落，觉得做好人难，产生了到南方下海经商的念头，是妻子安慰我，给我打气，要我坚守科研阵地，不放弃经济科学研究，不放弃继续为祖国的发展贡献思想和智慧。从妻

子身上，我感受到“有苦自己受、用心待家人”的中国妇女精神，感受到中国女知识分子的知性人格和恒久魅力。我获得的所有科研成就和荣誉，都离不开她——我的妻子——我挚爱的女性，不断牺牲自我，在平凡家务中做出的巨大贡献！

2007年，陈东琪和父母、妻子、女儿在一起

二　人生追梦

人的一生，幼小时，觉得很长，到老时，觉得很短。中国人的平均寿命，民国时35岁，新中国成立之初不足41岁，改革伊始65岁，目前约77岁。即使活到100岁，人的自然寿命也是有限的，不可能长生不老，但精神生命是无限的，是可以永存、延续的。你可以在有限寿命之中，以聪明和勤奋，以知识和思想，不断追寻你的人生梦想，追求无限且永存的精神生命！

1998年，《半月谈》要我写一篇谈人生感悟的文章，我写下了《我的人生之梦》。20多年后的今天[①]，我在写学术自传时，依然不忘初心，不忘追寻与年轻时相似的人生之梦：

“青少年时期，我做过很多美好的梦，梦见自己当教授、

① 《我的人生之梦》写于1998年，故“20多年后的今天”指2020年。

作家，当受人尊敬的‘伟人’。年轮推移，旧梦成真，然后又做着新的梦。不久前，风靡国内的‘现代音乐骄子’雅尼说，‘人之一生，实际上是在不断地做梦、追梦，并不断努力使梦成真’。的确，人生如梦，梦是美好的，人生也是美好的。

“但，于我，让美好的梦成为美好现实的年轮，始于1978年。那一年，像许多风华正茂的学子一样，我圆了大学梦。在岳麓山下，湘江岸边，我带着一种强烈的饥渴，寻知识之库，觅富国之音。一度，我迷恋老子和庄子、苏格拉底和爱因斯坦等哲人的智慧；有时，又为高尔基的《海燕》所振奋，为曹雪芹的《红楼梦》所吸引；但最后，我选择了经济学，走进了自以为是‘经世济民之学’的殿堂。此后20年，我与经济学，与‘社会科学的皇后’，结下了不解之缘。为了她，我不断追求，不断用新梦换旧梦。我这20年，从学士到博士后，从学生到博导，以书、以文，翻山跨洋，奔南北，跑东西，只为了圆一个国强民富的梦。

“在我的所有梦中，令我难忘的有两个，一为出国梦，二为回国梦。像我这样一个农家之子，誓以知识报国，企以文明图强。我梦想，作为原本属于‘舶来品’的经济学，要在中国得以发展，必要出国，学现代科技知识，求市场经济文明。1989年初夏，我到了美国，到了博德尔经济学院、哈佛大学，实现了出国梦。美国，有先进的技术，亦有市场的文明，这是一块迷人之地，一个自由之宫。本来，按照当时的‘总统保护令’，我可以留在那里，为个人奋斗，经营一个享受现代文明的小家庭。但后来，我却圆了回国梦。

“人的一生是短暂的，应当怎样度过这短暂的人生？人各有志，答案不同。但我想，我的国家，我的人民哺养了我，培育了我，我的身躯，我的知识，我的一切，都是来自父老乡亲。从他们那里，我索取很多，回报很少，如果我有去不回，至少违反了经济学中的‘投入产出平衡’。的确，我们没有美国那么富裕，不少地方还很穷。但，我没有忘记‘子不嫌母丑、狗不厌家贫’的古训。穷，如一张白纸，好写最新最美的文字，好画最新最美的图画。这，既是毛主席对后学的激励，也是我亲身的感受和心声。

“美好的梦，来自美好的憧憬；苦难的梦，源于扭曲的心灵。就像梦有美梦和噩梦一样，梦一般的人生，既有甜蜜，也有苦涩；既有阳光和金色大道，也有悬崖和电闪雷鸣。如何看待人生？我想，人生应无成功和失败之别，只有成功大小之分。平凡和伟大，都需要贡献；领袖和平民，同样是完成一个追求和奋斗的过程。你可以在过程之中，找到自己的感觉，却不能在过程之后，论定你有多大的成功。如果硬要在人生旅途中评说人生，那我想，只有真诚、追求、创新，只有为了目标不懈奋斗的行动，才会换来有意义的人生。机会垂青勤奋，惰性荒度光阴。

“每一个人，都有只有自己才能理解、不能让别人分享的苦梦，但，每一个美好的梦，总是这样的相同：在甜蜜中爱，在爱中追求幸福的永恒，这种爱和幸福的永恒，就是冥冥世界的精灵。让我们，在各自的人生中，不断地做梦、追梦，让美梦成真！”①

① 陈东琪：《我的人生之梦》，《半月谈》1998年第19期。

附录

附录一 个人简历和重大活动

一、个人简历

1962.09—1966.08　湖南省湘潭县良湖公社新联大队高岗坪小学，初小毕业。

1966.09—1968.08　湖南省湘潭县良湖公社黄湖塘小学，完小毕业。

1968.09—1970.08　湖南省湘潭县良湖中学，初中毕业。

1970.09—1973.08　湖南省湘潭县第三中学，高中毕业。

1973.09—1974.03　湖南省湘潭县良湖公社劳动，生产队会计、民兵排排长。

1974.03—1975.08　湖南省麻阳县谷达坡公社枝柳铁路建设湘潭县指挥部20连，连队文书。

1975.09—1977.08　湖南省湘潭师范专科学校，中专毕业。

1977.08—1978.03　湖南省湘潭师范专科学校，中文教师、团总支副书记。

1978.03—1982.03　湖南师范学院，大学毕业，获经济学学士学位。

1982.03—1985.02　中国社会科学院研究生院，硕士研究生毕业，获经济学硕士学位。

1985.02—1988.11　中国社会科学院经济研究所，研究实习员、助理研究员、副研究员。

1986.09—1991.07　中国社会科学院研究生院，博士研究生毕业，获经济学博士学位。

1988.11—1994.01　中国社会科学院经济研究所，宏观经济学研究室副主任。

1989.06—1989.12　美国科罗拉多大学博德尔经济学院，进修英语。

1990.01—1990.12　美国哈佛大学经济系，进修货币金融理论。

1991.09—1992.01　中共中央党校国家机关分校学习。

1992.12—1993.12　美国加利福尼亚大学伯克利分校，进行博士后课题研究。

1994.01—1994.11　中国社会科学院科研局副局级学术秘书、研究员，研究生院教授、博士生导师。

1995.01—1999.09　中国社会科学院研究生院副院长、教授、博士生导师。

1995.11　中共中央组织部第六期党员专家理论研究班学习。

1999.09—2003.05　国家发展计划委员会经济研究所所长，中国社会科学院研究生院教授、博士生导师。

2003.05—2015.01　国家发展和改革委员会宏观经济研究院副院长，中国社会科学院研究生院教授、博士生导师。

2004.05—2004.07　中共中央党校第42期地厅级干部进修班学习。

2015.01—2016.02　国家发展和改革委员会宏观经济研究院常务副院长，中国社会科学院研究生院教授、博士生导师。

2016.02至今　国家发展和改革委员会宏观经济研究院首席专家、研究员，中国社会科学院研究生院教授、博士生导师。

二、重大活动

1991.11—1991.12　参加江泽民总书记主持的11次座谈会，座谈资本主义的发展现状、苏联解体和东欧剧变的原因和教训、建设有中国特色的社会主义，研究社会主义市场经济的提法。

2002.06　参加朱镕基总理主持的经济学家座谈会，座谈经济形势。

2003—2011　多次参加温家宝总理主持的经济学家座谈会，座谈经济形势。

2005.04　参加胡锦涛总书记主持的中央政治局第二十一次集体学习，讲解关于我国经济社会发展战略的若干重大问题。

2005.06　参加胡锦涛总书记主持的经济学家座谈会，座谈人民币汇率改革问题。

2017.01　参加习近平总书记主持的中央政治局第三十八次集体学习，讲解深入推进供给侧结构性改革。

附录二 学术代表作

一、专著

1. 《探索与创新：东欧经济学概论》，陕西人民出版社，1988年6月第1版。

2. 《新土地所有制》，重庆出版社，1989年6月第1版。

3. 《强波经济论》，中国人民大学出版社，1992年3月第1版。

4. 《全球社会保障制度考察》，广东人民出版社，1995年12月第1版。

5. 《社会主义市场经济学》（与李茂生主编），湖南人民出版社，1995年8月第1版。

6. 《劳动过剩经济的就业与收入》（与戴园晨主笔），上海远东出版社，1996年12月第1版。

7. 《世纪之交的全球企业发展：企业管理新思路与方法》，东北财经大学出版社，1998年12月第1版。

8. 《微调论——走出短缺后的中国经济与政府政策》，上海远东出版社，1999年1月第1版。

9. 《新政府干预论》，首都经济贸易大学出版社，2000年2月第1版。

10. 《宏微观经济学》，中央广播电视大学出版社，2000年8月第1版。

11. 《宏观经济调控与政策——中国的实践》（与杨坚白主编），经济科学出版社，2000年11月第1版。

12. 《打破地方市场分割》（与银温泉主编），中国计划出版社，2002年11月第1版。

13. 《中国经济学史纲：1900—2000》，中国青年出版社，2004年7月第1版。

14. 《双稳健政策——中国避免大萧条之路》，人民出版社，2005年1月第1版。

15. 《繁荣与紧缩——中国2003—2007年的宏观调控》，中国计划出版社，2009年4月第1版。

16. 《新一轮财政税收体制改革思路》（与宋立等合著），经济科学出版社，2009年8月第1版。

17. 《共和国经济60年》（与邹德文主编），人民出版社，2009年10月第1版。

18. 《世界经济危机问题研究》，中国计划出版社，2010年10月第1版。

19. 《我国中长期经济发展重大变化研究》，中国计划出版社，2013年8月第1版。

20. 《消费引领 供给创新——“十三五”经济持续稳定增长的动力》（与马晓河主编），人民出版社，2016年3月第1版。

21. 《通向新增长之路 供给侧结构性改革论纲》，人民出版社，2017年10月第1版。

二、论文（独立撰写）

1. 《马克思研究政治经济学的方法——从〈《政治经济学批判》导言〉到〈资本论〉》，《学习与思考》1983年第4期。

2. 《霍瓦特的自治社会主义经济模式》，《世界经济》1986年第12期。

3. 《市场社会主义分配理论探索》，《财经问题研究》1988年第11期。

4. 《当前需求控制的主要目标——兼论"稳中求进"的改革思路》，《经济研究》1988年第2期。

5. 《稳定通货 稳定物价——关于我国通货膨胀问题的讨论》，《财贸经济》1988年第3期。

6. 《地方政府行为及其机制改革》，《中国工业经济》1988年第3期。

7. 《论今后八年的改革思路》，《北京社会科学》1988年第2期。

8. 《生产力标准、私有制与社会主义初级阶段》，《财经问题研究》1988年第8期。

9. 《论我国价格改革的理论基础——兼谈发展社会主义的价格学说》，《财贸经济》1988年第9期。

10. 《论社会主义市场经济条件下所有制形式的选择——对近十年国有企业改革的理论分析》，《江汉论坛》1989年第4期。

11. 《经济形势、理论和政策》，《经济研究》1989年第3期。

12. 《走出困境的长期思考》，载《改革的困境与出路及经济理论研究的前瞻——中青年作者在“五·四”恳谈会上的发言》，《经济研究》1989年第6期。

13. 《论社会主义的竞争市场体制》，《中国社会科学院研究生院学报》1989年第4期。

14. 《对改革理论与决策若干问题的思考》，《改革》1990年第6期。

15. 《当前经济形势中的若干问题及其解决途径》，《浙江财经学院学报》1990年第3期。

16. 《审时度势 向新的改革阶段转变》，《经济研究》1990年第8期。

17. 《我国经济发展新阶段经济学的主题》，《经济研究》1992年第1期。

18. 《加快国有企业的机制改革》，《改革》1992年第3期。

19. 《我国经济发展新阶段的结构调整》，《中国工业经济研究》1992年第4期。

20. 《积极行动 深化改革 关键是干》，《经济研究》1992年第5期。

21. 《贸易战略选择与就业扩展——中国80年代所走过的道路》，《财贸经济》1992年第6期。

22. 《财政赤字变动趋势及其对策》，《中国社会科学院研究生院学报》1992年第3期。

23. 《论工资机制转换——对国家机关事业单位工资改革的中长期选择》，《经济研究参考》1993年第Z1期。

24. 《论中国社会主义市场经济的实践》，《财经科学》1993年第1期。

25. 《加快市场化，迎接新世纪——学习〈中共中央关于建立社会主义市场经济体制若干问题的决定〉的体会》，《经济学动态》1994年第1期。

26. 《生活物价补贴制度及其改革途径——中国非工资收入问题研究》，《财贸经济》1994年第3期。

27. 《第二职业行为与收入制度——中国非工资收入问题研究》，《财经科学》1994年第2期。

28. 《职工保险福利及其体制改革——中国非工资收入问题研究》，《财经问题研究》1994年第4期。

29. 《处于艰难变革中的美国经济》，《世界经济》1994年第4期。

30. 《城镇职工住宅收益与房租体制改革》，《中国工业经济研究》1994年第4期。

31. 《竞争发育不充分条件下价格控制的政策导向》，《数量经济技术经济研究》1994年第5期。

32. 《改革面临的新矛盾与加快市场化的对策选择》，《经济改革与发展》1994年第5期。

33. 《日本的公务员制度和国际公务员制度面临的共同问题》，《经济学动态》1994年第7期。

34. 《论建立市场型社会保障制度》，《改革与理论》1994年第4期。

35. 《用中性微调熨平周期波动》，《上海经济研究》1994年第9期。

36.《论社会主义市场经济的周期波动——兼论“中性政策”主张》，《中国工业经济研究》1994年第10期。

37.《西方社会保障制度现状以及给我们的启示》，《中国改革》1994年第11期。

38.《建立社会保障制度的基本思路》，《上海经济研究》1994年第11期。

39.《当前经济形势与下一步经济改革》，《北京社会科学》1994年第4期。

40.《中国今后15年就业形势预测分析》，《中国改革》1994年第12期。

41.《西方各国社会保障改革比较与借鉴》，《党校科研信息》1994年第24期。

42.《未来15年中国就业的困境与战略选择》，《经济研究》1995年第1期。

43.《从偏紧政策转换为中性政策》，《财贸经济》1995年第1期。

44.《公有房产改革中的问题与建议》，《党校科研信息》1995年第6期。

45.《解决社会保障体系资金来源——企业职工政府三位一体》，《社科信息文荟》1995年第9期。

46.《走向2010年的中国就业》，《经济研究参考》1995年第20期。

47.《国有企业产权重组的基本思路》，《中国工业经济》1996年第2期。

48.《国有企业产权重组不能乱来》，《发现》1996年第2期。

49. 《企业发展与当前宏观政策指导的重点》，《宁波经济》1996年第4期。

50. 《稳中求进的宏观政策导向》，《生产力研究》1996年第6期。

51. 《经济回升时期的宏观政策导向》，《经济学动态》1997年第2期。

52. 《控制通货膨胀是保证"稳中求进"的关键》，《金融信息参考》1997年第4期。

53. 《企业重组的基本形式与途径》，《科学决策》1997年第6期。

54. 《稳健型宏观经济政策与周期波动》，《经济界》1997年第6期。

55. 《稳健型宏观经济政策与周期波动——再论"稳中求进"》，《中国社会科学院研究生院学报》1998年第3期。

56. 《〈排泄资源经济学〉评介》，《经济学动态》1998年第10期。

57. 《通货膨胀和通货紧缩交互换位时代的政策操作——兼论中央银行如何用微调方式稳定经济增长》，《财贸经济》1998年第11期。

58. 《当前经济形势的基本特征与政府政策》，《中国工业经济》1998年第11期。

59. 《对近两年宏观经济政策操作的思考》，《经济研究》1998年第12期。

60. 《当前经济形势的基本特征》，《经济界》1998年第6期。

61. 《“公”、“私”配置与公共物品生产》，《东北财经大学学报》1999年第1期。

62. 《从通货膨胀到紧缩的原因》，《中国财政》1999年第3期。

63. 《政府规模与机构改革》，《经济学家》1999年第3期。

64. 《现代市场经济为什么需要政府——对经济学中老问题的新思考》，《财贸经济》1999年第6期。

65. 《中国经济学家在思考什么？——读刘国光教授新著〈中国经济走向〉的感想》，《中国社会科学院研究生院学报》1999年第4期。

66. 《重整消费是当前控制通货紧缩的重点》，《经济界》1999年第6期。

67. 《论政府高效行政与政府体制改革——一个简单的理论思路》，《财贸经济》2000年第3期。

68. 《对当前经济增长速度和政策的几点认识》，《学术研究》2000年第3期。

69. 《经济学家不要成为古董——〈通货紧缩论〉“序”》，《中国社会科学院研究生院学报》2000年第3期。

70. 《社会主义经济发展新阶段的形势和任务》，《福建论坛（经济社会版）》2000年第8期。

71. 《准确把握“十五”所处的环境、阶段和主要矛盾》，《学习导报》2000年第8期。

72. 《政府怎样参与和管理对外经济——由“入世”引发的一点想法》，《财贸经济》2000年第9期。

73. 《改革、开放、发展：新阶段的新任务》，《求是》2000年第20期。

74. 《“十五”时期中国经济的主要矛盾是结构矛盾》，《经济研究参考》2000年第45期。

75. 《加快发展 调整结构 再创辉煌——国家计委经济研究所学习五中全会精神座谈会发言摘要》，《宏观经济研究》2000年第11期。

76. 《“九五”的经验和“十五”的思路》，《经济学动态》2001年第1期。

77. 《地方财政压力与地方政府体制改革——案例和对策建议》，《南方经济》2001年第1期。

78. 《打破地方公用事业垄断——案例和对策建议》，《消费经济》2001年第1期。

79. 《打破地方保护下的产品市场分割——过剩品市场“进入壁垒”的案例和对策》，《福建论坛（人文社会科学版）》2001年第1期。

80. 《政府管理需要创新》，《中华工商时报》2001年4月5日。

81. 《经济全球化条件下政府如何管理经济——从“日本经济病”得到的启示》，《宏观经济研究》2001年第4期。

82. 《发展不等于高速增长》，《政工研究动态》2001年第9期。

83. 《打破地方公用事业垄断若干设想》，《经济纵横》2001年第5期。

84. 《政府管理也要创新》，《宁波经济》2001年第6期。

85.《“入世”后，我们怎么办（上）》，《中国信息报》2001年11月7日。

86.《“入世”后，我们怎么办（中）》，《中国信息报》2001年11月8日。

87.《“入世”后，我们怎么办（下）》，《中国信息报》2001年11月9日。

88.《抓紧转变政府经济职能》，《经济日报》2001年12月3日。

89.《中国二元结构转换：实证分析》，《宏观经济研究》2001年第12期。

90.《进一步转变政府经济职能的若干设想》，《经济纵横》2001年第12期。

91.《导致二元结构转换滞后的政策和制度因素》，《经济研究参考》2002年第23期。

92.《产业结构调整的新思路——〈中国所有制结构与产业结构的耦合研究〉序》，《中国社会科学院研究生院学报》2002年第3期。

93.《水务行业是朝阳产业》，《证券时报》2002年7月16日。

94.《资金环境变化与企业融资机制创新》，《西部论丛》2002年第8期。

95.《中国二元结构转换：对策思路》，《宏观经济研究》2002年第8期。

96.《专利产业化程度亟待提高》，《经济日报》2002年8月20日。

97. 《对发展非公有制经济的理论和政策认识——学习“十六大”报告关于两个“毫不动摇”的思想》，《中国物价》2002年第12期。

98. 《利用外资也要与时俱进》，《中国外资》2003年第1期。

99. 《进一步转变政府经济职能提高政府管理效率》，《中国财政》2003年第2期。

100. 《全面解放和发展生产力的理论创新——学习“十六大”报告关于两个“毫不动摇”思想的体会》，《科学新闻》2003年第4期。

101. 《中国如何利用“景气交叉”的机遇》，《财经界》2003年第4期。

102. 《保持政策连续性 促使经济稳定增长》，《中国物价》2003年第4期。

103. 《全球经济调整与中国的机遇》，《经济世界》2003年第5期。

104. 《发展公共卫生事业刻不容缓》，《国际金融报》2003年6月2日。

105. 《繁荣趋势不会逆转》，《发展导报》2003年6月6日。

106. 《中国的链条不会断裂》，《新经济杂志》2003年第6期。

107. 《改进信息和决策效率》，《中国畜牧报》2003年6月15日。

108. 《抗击“非典”措施有效 经济仍可较快增长》，《中国物价》2003年第6期。

109. 《从抗击“非典”中得到的政策启示》，《税务研究》2003年第6期。

110. 《SARS不误保七争八》，《科技与企业》2003年第7期。

111. 《近期宏观经济政策操作的基本思路》，《消费经济》2003年第4期。

112. 《加快服务业发展迫在眉睫》，《中国证券报》2004年2月7日。

113. 《投资热消费冷格局亟待扭转》，《中国证券报》2004年2月14日。

114. 《防通胀莫忘保护农民合理利益》，《中国证券报》2004年2月16日。

115. 《建立向知识要产值的国家战略》，《中国证券报》2004年2月17日。

116. 《全面务实理解科学发展观》，《经济日报》2004年2月26日。

117. 《2004年宏观经济调控的主题——兼论均衡增长思路》，《宏观经济管理》2004年第3期。

118. 《央行货币调控应注意松紧搭配》，《中国证券报》2004年3月13日。

119. 《今年宏观调控的重点是防止大起大落——学习政府工作报告的体会》，《中国物价》2004年第3期。

120. 《从大盈余到基本平衡——我国对外经济发展政策与趋势》，《国际贸易》2004年第3期。

121. 《向知识要产值要就业》，《浙江经济》2004年第12期。

122. 《追求公平和效率的和谐》，《中国经济导报》2004年10月30日。

123. 《2008:“中国大萧条”是可以避免的》，《中国军转民》2005年第3期。

124. 《实施双稳健政策，促进经济可持续增长——从奥地利学派新信徒佩佐夫所谓“中国大萧条预言”谈起》，《学术研究》2005年第4期。

125. 《中国怎样在2008年前后避免经济大萧条》，《经济前沿》2005年第4期。

126. 《怎样看待当前的经济形势》，《经济学动态》2005年第6期。

127. 《经济温和调整阶段要防止滑坡》，《经济与管理研究》2005年第7期。

128. 《中国怎样缓解能源资源压力？》，《财经界》2005年第8期。

129. 《全球能源价格与中国能源供求管理》，《中国物价》2005年第8期。

130. 《经济温和调整阶段的总体判断与宏观调控着力点》，《学术研究》2005年第8期。

131. 《把握好“十一五”时期宏观经济政策的几个取向》，《前线》2005年第12期。

132. 《未来15年经济社会发展战略选择问题》，《经济与管理研究》2006年第1期。

133. 《当前经济形势与对策建议》，《宏观经济管理》2006年第5期。

134. 《调控产能过剩要防止紧缩过度》，《中国证券报》2006年6月6日。

135. 《“十一五”时期经济快速增长的动力》，《人民日报》2006年6月23日。

136. 《反思双顺差 寻求发展新模式》，《21世纪经济报道》2006年7月31日。

137. 《财税政策在下一步宏观调控中大有作为》，《中国税务报》2006年9月27日。

138. 《全面认识近期经济形势和宏观调控——对几个有争议问题的分析》，《中国物价》2006年第9期。

139. 《就业增长减速下的就业政策调整》，《财贸经济》2006年第11期。

140. 《当前物价形势的特征及政策建议》，《宏观经济管理》2007年第5期。

141. 《发展和谐理论 推动国家繁荣》，《中国社会科学院院报》2007年5月24日。

142. 《详解中美贸易“总体顺差”及形成原因》，《中国税务报》2007年5月30日。

143. 《中美贸易不平衡产生的原因和对策》，《中国物价》2007年第6期。

144. 《促进中美贸易相对平衡的对策与前景》，《经济界》2007年第4期。

145. 《自由贸易和公平交易：中美贸易不平衡的解决方案》，《中国金融》2007年第17期。

146. 《既“防胀”又“防滑”的宏观调控思路》，《经济与管理研究》2008年第5期。

147. 《在“防胀”和“防滑”之间建立新平衡——近期经济形势和宏观调控思路》，《经济学动态》2008年第5期。

148. 《用供求结合办法控制通货膨胀》，《理论视野》2008年第6期。

149. 《对知识产权：一要保护　二要开发》，载《全面实施国家知识产权战略》，《经济日报》2009年6月5日。

150. 《经济触底后的宏观调控策略》，《经济与管理研究》2009年第6期。

151. 《抓住全球危机后的新产业革命机遇——加快发展“三新产业”的思路》，《宏观经济管理》2009年第6期。

152. 《经济全面复苏中的宏观调控：稳健操作着力长期》，《经济学动态》2009年第7期。

153. 《着力应对发达国家货币政策加速退出》，《江苏经济报》2009年11月9日。

154. 《世界经济危机的演变和启示》，《经济学动态》2009年第11期。

155. 《新一轮经济增长趋势与转变宏观调控方式》，《宏观经济管理》2010年第9期。

156. 《治理通胀不能单纯控制需求》，《中国经济导报》2010年11月27日。

157. 《中国经济增长将进入一个减速阶段》，《中国经济导报》2011年6月11日。

158. 《通胀只是一个短期危险》，《人民日报》2011年7月21日。

159. 《货币政策结构性放松的时机基本成熟》，《中国税务》2011年第10期。

160. 《陈东琪：政策一定要保持向上微调的取向》，《中国税务报》2012年1月18日。

161. 《谨防经济衰退》，《英才》2012年第4期。

162. 《“深水区改革”的下一步：兼顾公平和效率》，《小康》2013年第3期。

163. 《承上启下新10年 我国经济社会发展战略目标与重点任务》，《宏观经济管理》2014年第7期。

164. 《外部发展环境变化为我国经济发展带来重大机遇》，《中国投资》2014年第9期。

165. 《中国需要有利于消费的投资》，《清华大学中国与世界经济研究中心简报》（总第37期）——清华大学中国与世界经济论坛（二十一）：增速下行，底线在哪里？2014年10月12日。

166. 《关于改进中长期规划编制工作的意见和建议》，《宏观经济管理》2015年第1期。

167. 《偏松操作防止经济滑坡》，《上海证券报》2015年3月12日。

168. 《可持续的中高速增长》，《人民日报》2015年8月4日。

169. 《发挥高铁经济的支撑引领作用》，《经济日报》2016年8月18日。

170. 《完善体制机制 振兴实体经济》，《理论学习》2017年第5期。

171. 《通向新增长之路 供给侧结构性改革论纲》，《宏观经济研究》2017年第11期。

172. 《供给侧改革要有持久战准备》，《经济参考报》2017年12月15日。

三、论文（合作撰写）

1. 《从什么角度看生产劳动与非生产劳动的划分（摘登）》（与黄铁苗合作），《湘潭大学社会科学学报》1983年第3期。

2. 《国有企业的改革：设想和现实——国内外几种企业改革模式的比较分析》（与王振中合作），《中国工业经济研究》1987年第5期。

3. 《中国经济体制中期（1988—1995）改革纲要——稳定经济和深化改革有机辩证结合的思路》（与刘国光、张卓元、戴园晨、沈立人合作），载国家经济体制改革委员会综合规划司编《中国改革大思路》，沈阳出版社，1988年7月第1版。

4. 《多元生产函数型经济与生产要素联营制（上）》（与李德伟、姜近勇、盖建玲合作），《广州研究》1988年第7期。

5. 《多元生产函数型经济与生产要素联营制（下）》（与李德伟、姜近勇、盖建玲合作），《广州研究》1988年第8期。

6. 《中国就业制度改革：分析与构想》（与王振中、

王晓韵、王诚、鲁奇合作），《中国人力资源开发》1989年第2期。

7. 《市场化改革进程中的实物化倾向》（与赵人伟、王忠民合作），《经济研究》1989年第4期。

8. 《建立适应市场秩序的区域经济新格局——论中国区域经济改革和开放的策略转变》（与田江海、孙学文、郭晋刚合作），《中国工业经济》1989年第4期。

9. 《有效供给不足与低效增长》《结构变化与增长周期波动》（与郭晋刚合作），载刘国光主编《体制变革中的经济稳定增长》，中国计划出版社，1990年5月第1版。

10. 《对外开放及其战略对策》，载杨坚白主编《社会主义宏观经济论——理论、对策、参照系》，东北财经大学出版社，1990年6月第1版。

11. 《产业结构调整、变动与国民收入增长》《调整增长与国民收入增长》，载杨坚白、余广华主编《中国国民收入实证分析》，经济管理出版社，1992年10月第1版。

12. 《就业机制改革的构想：就业市场化、失业公开化》《工资形成机制的转换及双规运行格局》，载戴园晨主编《中国劳动力市场培育与工资改革》，中国劳动出版社，1994年1月第1版。

13. 《中国的积累率与投资保障》，载李京文主编《走向21世纪的中国经济》，经济管理出版社，1995年7月第1版。

14. 《〈社会主义市场经济学（试用教程）〉导论》（与李茂生合作），《经济学动态》1995年第4期。

15. 《建立市场型社会保障制度的政策指导》（与宾融合作），《中国机电工业》1995年第4期。

16. 《中国大陆经济制度之变迁——1978年以来》（与秦海合作），《中国社科院研究生院学报》1997年第4期。

17. 《中国资本市场的渐进式国际化分析》（与秦海合作），《经济研究》1997年第7期。

18. 《富国强民的行动纲领》，载王珏主编《劳者有其股——所有制改革与中国经济论坛》，广西人民出版社，1997年12月第1版。

19. 《论稳健型宏观经济政策》，载王洛林主编《经济周期研究》，经济科学出版社，1998年4月第1版。

20. 《熨平经济周期的财政政策》（与王冬梅合作），《中国社会科学院研究生院学报》1999年第1期。

21. 《稳健型宏观经济政策与周期波动》，载萧灼基主编《经济界名家文萃》，经济科学出版社，1999年8月第1版。

22. 《加大供给结构调整政策在促进经济增长中的作用》，《供给政策与需求政策的关系》课题组（与刘福坦、王小广合作），《宏观经济研究》2000年第3期。

23. 《宏观经济出现重要转机 积极财政政策不可松懈——当前宏观经济形势分析报告》（与白和金、刘福垣、王小广等合作），《管理世界》2000年第4期。

24. 《西部大开发中财政金融支持的政策建议》（与宋立、韩凤芹、侣俊泽合作），《宏观经济研究》2000年第8期。

25. 《政府职能转换与政府体制创新》（与王冬梅合作），《福建论坛（经济社会版）》2000年第11期。

26. 《社会主义市场经济中的政府职能》，载全国干部培训教材编审指导委员会组织编写《社会主义市场经济概论》，人民出版社，2002年2月第1版。

27. 《中国宏观经济学的理论构架与创新发展》（与张亚斌合作），《社会科学战线》2002年第4期。

28. 《再论“双稳健政策”》（与宋立合作），《中国经济时报》2004年12月6日。

29. 《政府今后需要更多地眼睛向外》，载杨琳琳著《转型中国——顶级学者访谈录》，经济日报出版社，2005年2月第1版。

30. 《稳健财政政策下的税收政策取向与建议》（与宋立、王元合作），《中国财政》2005年第4期。

31. 《尊重和提升人的自身价值》，载潘岳主编《绿色中国文集》，中国环境科学出版社，2006年6月第1版。

32. 《经济持续繁荣后的宏观调控——2007年面临的问题和政策思路》，载叶汇主编《投资增长速度研究》，中国统计出版社，2007年1月第1版。

33. 《我国历次宏观调控的经验和启示》（与宋立合作），《宏观经济管理》2007年第2期。

34. 《按照科学发展观深化宏观调控内涵》（与宋立合作），《中国税务报》2007年10月24日。

35. 《党的十六大以来宏观调控的经验和启示》（与宋立合作），《宏观经济管理》2007年第11期。

36. 《宏观调控面临的新形势和新任务》（与宋立合作），《中国税务报》2007年12月5日。

37. 《宏观调控面临新的体制机制和微观基础》（与宋立合作），《中国税务报》2008年1月30日。

38. 《近期经济形势与“二次调控”思路》，载吴敬琏、樊纲、刘鹤、林毅夫、易纲、许善达、吴晓灵主编《长安讲坛》（第二辑·2006），中国经济出版社，2008年1月第1版。

39. 《改革开放30年宏观调控的经验、问题和理论探索》（与宋立、刘国艳、王元、徐策合作），《中国经济时报》2008年4月10日。

40. 《经济增长与劳动生产率——探寻改革三十年经济高速增长的原因》，载吴敬琏、樊纲、刘鹤、林毅夫、易纲、许善达、吴晓灵主编《中国经济50人看三十年——回顾与分析》，中国经济出版社，2008年10月第1版。

41. 《人民币汇率改革的进程、挑战和前景》（与张岸元、王元合作），《宏观经济研究》2008年第12期。

42. 《美国金融危机及经济政策走向》（与张汉亚、石康、叶辅靖等合作），《宏观经济管理》2009年第2期。

43. "Exchange rate reform：progress，challenges and prospects"（与张岸元、王元合作），*China Economist*，2009年第3期。

44. 《低碳发展建议》，载樊纲主编《走向低碳发展：中国与世界——中国经济学家的建议》，中国经济出版社，2010年1月第1版。

45. 《我国宏观经济走势与政策建议》（与王元、杜飞轮合作），《宏观经济管理》2011年第7期。

46. 《严法明制，公平竞争》，载张卓元主编《十八大后十年的中国经济走向》，广东经济出版社，2013年11月第1版。

47. 《化解宏观面好、微观面差的僵局》，载李青云、唐珏专访/整理《中国经济的三大难题》，经济日报出版社，2014年1月第1版。

48. 《国有经济布局战略性调整的方向和改革举措研究》（与臧跃茹、刘立峰、刘泉红合作），《宏观经济研究》2015年第1期。

49. 《竭泽而渔的安倍经济政策》（与刘雪燕、李世刚、杨长湧等合作），《宏观经济研究》2016年第10期。

附录三 奖项和荣誉

一、奖项

1. 《探索与创新：东欧经济学概论》，1988年获北方17省市图书奖。

2. 《中国改革大思路》（参与撰写《中国经济体制中期（1988—1995）改革纲要——稳定经济和深化改革有机辩证结合的思路》），1988年获孙冶方经济科学奖著作奖。

3. 《新中国经济的变迁与分析》（合），1992年获孙冶方经济科学奖著作奖。

4. 《论工资机制转换——对国家机关事业单位工资改革的中长期选择》，1995年获中国社会科学院第二届青年优秀成果奖。

5. 《强波经济论》，1996年获中国社会科学院优秀科研成果奖。

6. 《走向21世纪的中国经济》（合），1996年获中共中央宣传部第五届精神文明建设“五个一工程奖”。

7. 《西部大开发的金融支持战略研究》（合），2000年获中国投资学会第五次投资优秀论文一等奖。

8. 《“十五”计划时期中国经济和社会发展的若干重大问题研究》（合），2000年获国家发展计划委员会科学技术进步奖。

9. 《通货膨胀和通货紧缩交互换位时代的政策操作——兼论中央银行如何用微调方式稳定经济增长》，2001年获第五届全国优秀金融论文奖。

10. 《准确把握“十五”所处的环境、阶段和主要矛盾》，2001年入选《中国党政干部优秀论文选》。

11. 《新政府干预论》，2002年获第十三届中国图书奖。

12. 《双稳健政策——中国避免大萧条之路》，2006年获国家发展和改革委员会宏观经济研究院优秀成果二等奖。

13. 《绿色襄阳建设的思路和对策研究》（合），2013年获国家发展和改革委员会宏观经济研究院优秀横向课题研究成果一等奖。

14. 《“十三五”时期经济社会发展总体思路研究》（主），2015年获国家发展和改革委员会优秀研究成果一等奖。

15. 《通向新增长之路 供给侧结构性改革论纲》，2017年获第四届全国党员教育培训教材“创新教材奖”。

二、荣誉

1. 入选《中国经济学希望之光》，李连第主编，经济日报出版社，1991年版。

2. 享受国务院特殊津贴（自1992年起）。

3. 入选《中国中青年新闻人物年鉴1996》，中国青年出版社，1996年版。

4. 获中国社会科学院授予的“有突出贡献中青年专家”称号（1997年）。

5. 入选国家七部委“百千万人才工程”（1997年）。

6. 入选中央组织部“直接联系专家”（2004年）。

7. 入选中共《当代湖南人》，湖南地方文献研究所、湖南方志馆编，潇湘杂志社，2008年版。

8. 入选《湘潭地名志》，湘潭市人民政府编，中国文史出版社，2009年版。

9. 入选《中国百名经济学家理论贡献精要（第二卷）》，张卓元、周叔莲、吕政、汪海波、宋灵恩主编，中国时代经济出版社，2010年版。

10. 入选《湖湘文化大辞典》，湖南人民出版社，2012年版。

11. 入选《当代湖南杰出经济人物大典》，刘维、王青伟主编，湖南人民出版社，2013年版。

12. 入选《20世纪中国知名科学家学术成就概览·经济学卷·第三分册》，钱伟长总主编，张卓元、厉以宁、吴敬琏主编，科学出版社，2015年版。

13. 入选《辉煌历程——湖南改革开放40年巡礼》，雷国珍主编，当代中国出版社，2018年版。